Dharma

La méditation

Ouverture et présence

>> magazine

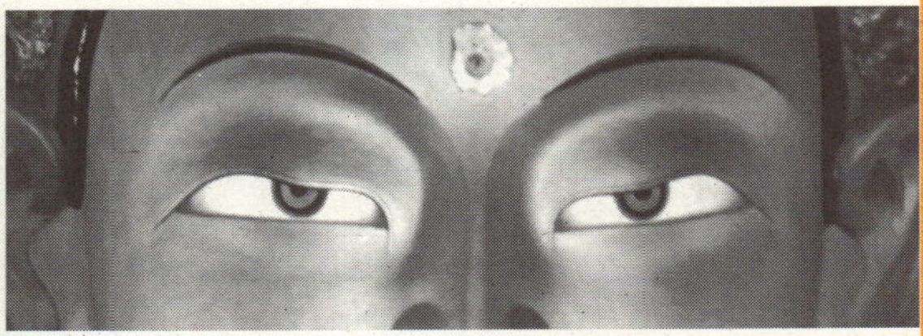

Avertissement
Pour faciliter la lecture du texte les mots sanscrits sont orthographiés sans signes diacritiques.
Un glossaire en fin de dossier reprend les mots essentiels à la bonne compréhension du thème.

ISBN 2-905188-53-7

Couverture : Le Bouddha Maitreya.

Fondateur : Lama Vajracarya Denys Teundroup
Directeur de publication : François Watel
Rédactrice en chef : L.N. Wangmo
Secrétaire de rédaction : Ysabel Cousino
Maquette et PAO : Stéphanie Debeauvais, Daniel Coppo
Correction : Mamo, Sébastien Jaillon, Marc Gibert, Charles Bourgeois

Edito

Bien que chaque être ait la nature de Bouddha, tous ne la réalisent pas.
Le mot " bouddha " signifie " s'éveiller ". Le Bouddha n'a rien enseigné d'autre que l'art et la manière de s'éveiller. Ce que, dans le Dharma, nous appelons " méditation " est cet art de s'éveiller, autant d'outils, de moyens et de méthodes visant le même but : réaliser la nature véritable de ce que nous sommes.

Bien qu'aspirant tous au bonheur, nous ne savons ni où ni comment le trouver. Notre vie est le plus souvent le récit de nos égarements, des impasses émotionnelles dans lesquelles nous nous débattons, de l'attachement et de la souffrance que nous cherchons maladroitement à éviter.
Que ce soit par ces situations insatisfaisantes, conflictuelles et douloureuses, ou par une curiosité profonde ou un désir d'investigation de la réalité, les questions émergent : que sommes-nous ?, Où allons-nous ? Quel est le sens de la vie ? et bien d'autres.
Ces questions nous ouvrent un chemin. Là où il y avait une impasse peut commencer, de questions en questions, une véritable quête. Cette quête est une invitation à regarder en nous, en notre esprit ce qui s'y passe, à nous interroger sur ce que nous sommes fondamentalement.

La manière d'éveiller l'esprit à sa véritable nature est dans la pratique de la méditation. La méditation désigne à la fois une expérience de plus en plus profonde du présent, et l'outil qui y mène.

Cette expérience immédiate du présent nécessite un apprentissage, une régularité, une habitude. Si cette expérience est fondamentalement simple, du point de vue de l'ego c'est là que réside la difficulté. En tant qu'outil le champ de la méditation est vaste, ses moyens et ses méthodes diverses suivant les traditions visent à développer cette même aptitude de présence dans l'instant sans interférence aucune.

Donner accès à des expériences de détente, d'ouverture et d'attention est la base de toutes les pratiques.

Dans ce numéro de Dharma, la partie dossier suit cette progression de l'apprentissage.

La méditation y est décrite en tant qu'exercice : apprendre à se détendre, à relâcher les tensions du corps et de l'esprit, à développer une relation juste à l'autre : l'autre en nous, les pensées, les émotions ; l'autre, à l'extérieur de nous, les personnes, les situations, les évènements. Ainsi la méditation rejoint la vie quotidienne. Sous cet angle, tout ce que l'on fait dans la vie quotidienne devient une occasion de s'éveiller. Les situations nous ramènent sans cesse au présent et nous demandent de développer patience, attention et bienveillance.

Encore ne suffit-il pas de savoir ce qu'est méditer, il nous faut mettre la main à l'ouvrage, en l'occurence entrer dans l'expérience du coussin avec assiduité et détermination.

La seconde partie du dossier présente le cheminement.

Cheminer demande que nous rencontrions une tradition authentique, une personne qualifiée qui puisse nous guider dans cet apprentissage. La base de toutes les pratiques est la pratique de la détente et de l'attention : shamatha vipashyana : pacifier l'esprit et développer la vision profonde, la vision pénétrante, pénétrant le sens véritable de ce que nous sommes.

A l'appui de cette présentation du cheminement vient la troisième partie constituée de textes traditionnels, supports d'étude et d'approfondissement pour les pratiquants déjà engagés sur la voie. Peut-être paraîtront-ils obscurs ou arides à d'autres, c'est qu'ils nécessitent une pratique et un accompagnement dans l'étude et la réflexion.

Enfin la dernière partie nous ouvre à la dimension sacrée qu'est le fruit de toute pratique, c'est la disparition de l'outil, de celui qui l'utilise et du but pour lequel on l'utilise. C'est l'étape de l'intégration, l'état de présence. Ne pouvant plus parler d'un sujet et d'un objet, le terme de méditation se dépasse dans l'expression même de non méditation, qui fait place à une expérience spontanée de l'instant, sans nom et sans forme. C'est l'ultime étape, la simplicité absolue.

Puissent ces textes vous éclairer, vous encourager et vous être une aide précieuse sur le chemin !

L.N. wangmo ■ ■ ■

sommaire

DOSSIER

1 - La méditation
outil de la transformation intérieure

2 - Le cheminement
L'apprentissage de la méditation

3 - Supports d'études
à l'usage des pratiquants

4 - La pratique fondamentale
Mahamudra-Dzogchèn

Annexes

Magazine

"Ethique et spiritualité globales"

"Vies et avis"

"Unité dans la diversité"

Dossier

La méditation

Outil de la transformation intérieure

Lama Denys et Philippe Kerforne

Dialogue avec un lama occidental

Travailler sur soi-même

© Franck Charton

Le désir de travailler avec les problèmes que nous rencontrons dans notre vie, nos interrogations, nos insatisfactions, est le début du cheminement.
Cette attitude requiert courage et persévérance. Cheminer repose sur une discipline, celle de la santé fondamentale : abandonner les activités malsaines, sources de problèmes et de souffrances, développer les qualités d'ouverture et de chaleur qui nous amèneront à mieux communiquer, mieux comprendre les autres et mieux expérimenter ce qui nous entoure.

¤ Lama Denys, avant de chercher à comprendre ce qu'est une voie spirituelle, une première question s'impose : quelle est véritablement l'utilité d'effectuer un travail sur soi-même, et de suivre une recherche intérieure ?

Nous sommes tous, au cours de notre vie, confrontés à des problèmes, des interrogations et des insatisfactions. Nous sommes exposés à la souffrance sous des formes variées. Cependant, cette situation n'est pas inexorable : nous pouvons, si nous le voulons, travailler sur nous-même et notre situation pour atteindre un état de plus grande liberté et de bien-être. Le cheminement spirituel du Bouddha propose un parcours vers la plénitude intérieure : un état de paix, de liberté et de bonheur. Celui-ci ne peut se réaliser que par la transformation de nous-même, qui permet à son tour celle du monde qui nous entoure. C'est le sens de toute recherche intérieure.

Une recherche véritable est la voie du courage : elle demande beaucoup de détermination et de remise en question.

¤ En général, quelle devrait être notre attitude face aux questions fondamentales de l'existence ?

Qui que nous soyons, nous sommes confronté à toutes sortes d'interrogations parmi celles-ci : "Qu'est-ce que la vie, la mort, la réalité au-delà, qui suis-je ? Un cheminement est-il possible ou non ?". Ces questions accompagnent l'homme tout au long de son existence. Généralement elles se posent d'abord dans la jeunesse et ressurgissent bien plus tard. Elles sont à la base de toute réflexion essentielle et de tout cheminement.

La première manière de les traiter, et la plus courante, consiste à les éviter, comme de faux problèmes. Ne sachant comment y répondre, on les classe vite dans la catégorie des "questions insolubles" en se disant : "Il n'y a pas vraiment de réponse, alors à quoi bon essayer d'en chercher une." C'est une attitude qui manque de courage et d'intelligence. Ce refoulement est une fausse solution, car il suffira d'une maladie, d'un accident, d'un instant de déprime ou de l'approche de la mort pour que ces problèmes remontent à la surface.

Il y a aussi une autre possibilité qui consiste à s'engager dans un travail de recherche ou de questionnement essentiel qu'on peut qualifier de "spirituel". Une recherche véritable est la voie du courage : elle demande beaucoup de détermination et de remise en question. La facilité est de se satisfaire d'une attitude qui, sans nous remettre en question, nous conforte dans notre cocon habituel. S'engager sur le chemin spirituel, résolument et avec sincérité, est une route étroite et ardue, mais qui apporte finalement plus de satisfactions authentiques que l'autoroute des facilités factices que nous sommes tentés d'emprunter habituellement.

▫ Vous dites que nous nous posons des questions parce que nous sommes exposés à plusieurs sortes de problèmes, qu'entendez-vous par là ?

Il y a plusieurs niveaux de problèmes : le premier, le plus subtil et le plus profond réside dans le seul fait d'être, d'exister, et dans les limitations qui y sont inhérentes. A ce niveau se situe aussi l'incertitude fondamentale de notre être : "qui sommes-nous", "que sommes-nous", "pourquoi et comment existons-nous" ? Cette interrogation existentielle fondamentale est primordiale, mais généralement ne nous préoccupe guère car nous sommes obnubilés par des urgences beaucoup plus concrètes et quotidiennes.
Le deuxième niveau de problèmes auquel nous sommes exposés est, paradoxalement, celui du plaisir ou de l'attachement aux plaisirs. Nous sommes tous à la poursuite d'un bonheur que nous pensons généralement trouver dans la satisfaction des sens. Cette quête est la principale motivation d'un être ordinaire. Le problème du plaisir est connecté à celui du déplaisir, c'est-à-dire à celui de sa fin, la fin de la jouissance, avec le manque qui en résulte. Nous sommes en permanence pris dans des cycles plaisir-déplaisir, jouissance-frustration qui sont sources de problèmes et de souffrances.
Le troisième niveau de problèmes est constitué par des difficultés beaucoup plus concrètes comme les souffrances psychologiques ou physiques, ou parfois leur accumulation. Prenons un exemple : vous partez en vacances. En route, votre voiture tombe en panne. Vous la garez sur le côté. Il y a du brouillard et un camion la percute. Quand la police arrive, une autre mauvaise surprise vous attend : vos papiers ont disparu ! On vous emmène au poste de police et comme vous n'avez pas de preuves de propriété du véhicule, vous êtes suspecté de l'avoir volé, et gardé à vue. De plus, vous étiez à l'étranger et comme votre visa arrive à

expiration, vous êtes expulsé. En rentrant en France, vous apprenez que vous êtes licencié et que votre femme vous a quitté ! Là-dessus, on vous dit qu'un ami très cher a une grave maladie et qu'il risque de décéder... On s'arrêtera là (rires). C'est la souffrance ordinaire. Ce sont tous les problèmes concrets qui s'accumulent les uns à la suite des autres. Nous sommes en permanence exposés à ces trois niveaux de problèmes. Ils se construisent les uns sur les autres, les plus grossiers se développant sur la base des conditionnements posés par les plus subtils.

Souvent la souffrance n'est pas terrible et apparente, mais plus insidieuse. Cela amène certaines personnes à vous dire : "C'est bien beau tout cela, pourtant ma vie me satisfait. Je ne vois pas pourquoi j'en changerais."

Le problème est qu'habituellement les choses vont bien pendant un certain temps jusqu'à ce qu'une difficulté surgisse et bouscule l'apparence de bien-être. A ce moment-là, c'est le chaos, la catastrophe. Il est sage de se résoudre à admettre que certains problèmes sont inhérents à notre existence et d'être prêts à les traiter même si, actuellement, il se peut que nous n'y soyons pas particulièrement confrontés. Parmi les trois catégories de problèmes que nous venons d'évoquer, en fait, seule la dernière est vraiment perceptible par le plus grand nombre. Les deux autres sont plus subtiles, la première est même de prime abord imperceptible.
Pratiquement, un état dans lequel on dit ne pas avoir de problèmes est plus souvent une situation de refus ou de manque de lucidité qu'un véritable état de bien-être ou d'absence de difficultés. Nous avons tendance à occulter les difficultés, histoire de dire que tout va bien, mais elles subsistent et à l'occasion réapparaissent. Il est sage d'être réaliste : même si la conscience de celles-ci n'est pas toujours aiguë, elles sont, cependant, sous des aspects subtils ou grossiers, inhérentes à notre existence conditionnée. En prendre conscience est le point de départ qui permettra d'entreprendre le travail libérateur.

Vous dites que l'attachement aux plaisirs est un de nos gros problèmes. Comment faut-il alors utiliser nos sens ? Faut-il honnir définitivement tout sentiment de contentement ou de satisfaction par les sens ?

D'un côté l'attachement aux plaisirs des sens est un problème, et de l'autre, leur rejet en est un autre. C'est un point important qui est souvent source de malentendus.

L'approche spirituelle préconisée par le dharma est une "voie du milieu" qui évite les extrêmes et propose un juste usage des sens.

L'approche spirituelle préconisée par le dharma est une "voie du milieu" qui évite les extrêmes et propose un juste usage des sens. Le Bouddha lui-même, au cours de son parcours spirituel, s'est d'abord engagé sur une voie de renoncement total aux gratifications sensorielles. Il s'est consacré totalement pendant cinq ans à la pratique du yoga, au jeûne et à toutes sortes d'abstinences avec des maîtres hindous. Il a fini par se rendre compte qu'il faisait fausse route et que cette approche d'ascétisme extrême ne l'amènerait pas à l'éveil. Sa pratique, puis son enseignement, ont ensuite été une voie moyenne entre l'ascétisme et la recherche du plaisir, c'est-à-dire un cheminement équilibré dans lequel le juste usage des sens évite les comportements extrêmes que sont d'une part la luxure et l'attachement aux plaisirs des sens et, d'autre part, l'ascèse mortifère et le rejet des plaisirs sensoriels.

Dans la perspective de cette voie moyenne, l'important est de développer une relation juste aux objets des sens et aux plaisirs qui y sont associés. Les plaisirs, les satisfactions et les expériences sensorielles agréables ne sont pas en eux-mêmes des entraves au développement spirituel. L'obstacle vient des fixations et des attachements que l'on développe sur ceux-ci.

◻ Mais, dans la vie courante, comment pouvons-nous contrôler nos sens ?

Au début, nous sommes toujours attachés aux plaisirs, aussi, est-il d'abord important de savoir nous imposer des limites. Si nous n'avons pas de retenue, nous nous adonnons à toutes sortes d'excès et nous nous retrouvons dans des situations qui deviennent rapidement passionnelles et conflictuelles. Nous contrôlerons donc nos sens en fixant des bornes à la liberté d'action que nous leur accordons. Nous nous tiendrons à une discipline qui est un cadre protecteur dans lequel le développement intérieur peut prendre place. Il est futile de vouloir entreprendre un travail intérieur si l'on n'est pas déjà capable, au niveau extérieur le plus simple, d'avoir une activité relativement cohérente et ordonnée. Le cheminement commence donc par l'apprentissage d'un comportement réglé au niveau du corps, de la parole et de l'esprit. Cette discipline n'est pas une morale religieuse ou laïque, mais plutôt un ensemble de règles qu'on pourrait dire de "santé spirituelle" : certaines activités sont à abandonner car elles sont malsaines, c'est-à-dire source de problèmes et de souffrances, tout comme certaines nourritures sont à proscrire si l'on veut éviter la maladie. Si votre alimentation est trop riche en graisses, votre taux de cholestérol va augmenter, si votre consommation d'alcool est trop importante, vous aurez une cirrhose, si vous fumez trop, de l'artérite, etc... D'une façon similaire, les passions sont source de maladies spirituelles. Si vous fonctionnez agressivement, vous produisez des causes qui auront des conséquences douloureuses. Toutes les passions sont pathogènes au niveau de l'esprit, tout comme les excès alimentaires le sont au niveau du corps.

La discipline du dharma nous propose donc un certain nombre de règles du corps, de la parole et de l'esprit. Ces règles consistent à abandonner autant qu'on le peut ce qu'on appelle "les dix actes négatifs" qui sont source d'attitudes passionnelles, conflictuelles et finalement douloureuses pour autrui comme pour nous-mêmes.

La discipline extérieure est donc, dans l'esprit que nous avons expliqué, fondée sur l'abandon de ces dix activités négatives et la pratique de ces dix activités positives. C'est dans ce cadre que peut se développer harmonieusement la discipline intérieure qu'est la pratique de la méditation.

Toutes les passions sont pathogènes au niveau de l'esprit, tout comme les excès alimentaires le sont au niveau du corps.

▫ Pourriez-vous nous dire quels sont ces dix actes négatifs ?

Il y en a trois du corps, quatre de la parole et trois de l'esprit. Au niveau du corps, on évitera : de tuer, de voler et une mauvaise sexualité.

Au niveau de la parole, on apprendra à faire bon usage de celle-ci en évitant : de mentir, de créer la dysharmonie, d'utiliser des mots blessants qui heurtent l'esprit d'autrui, et de parler de façon frivole et futile.

Au niveau de l'esprit, on évitera : la possessivité, la malveillance et les conceptions erronées.

A l'inverse de ces dix actes négatifs, on apprendra à cultiver les dix actes positifs, qui sont les contraires des dix négatifs : protéger la vie, être généreux, avoir une vie sexuelle juste ; parler de façon franche, créer l'harmonie par ses paroles, utiliser un discours plaisant, et parler à bon escient. On apprendra aussi à se satisfaire de ce que l'on a, à être bienveillant et à comprendre les choses de façon juste.

Les expériences sensorielles sont fondamentalement des énergies. C'est possédées par l'ego qu'elles nous enchaînent au samsara, alors que libérées de ses fixations elles deviennent finalement une énergie de sagesse.

◘ Que deviennent les émotions et les passions dans cette discipline intérieure de la méditation ?

La discipline intérieure, la pratique de la méditation, est l'apprentissage d'une relation juste à notre esprit et à nos expériences sensorielles. C'est un processus de libération puis de transmutation des attachements émotionnels. Les expériences sensorielles sont fondamentalement des énergies. C'est possédées par l'ego qu'elles nous enchaînent au samsara c'est-à-dire à l'existence conditionnée, alors que libérées de ses fixations elles deviennent finalement une énergie de sagesse. Cette perspective du vajrayana dans laquelle l'énergie des émotions se met au service de la sagesse est le niveau final des enseignements du Bouddha. C'est une transformation des énergies spirituelles ; lorsqu'elle est devenue effective, non seulement les gratifications sensorielles ne sont plus des obstacles, mais elles deviennent même, selon une expression traditionnelle, "du bois apporté au bûcher de la sagesse". Mais n'allons pas trop vite. L'important est d'abord de réaliser le véritable non-attachement et, avant même, la discipline extérieure.

La discipline extérieure est le cadre dans lequel peut se développer la pratique de la méditation et dans celle-ci, une altitude intérieure de non-attachement par rapport à notre environnement et à nous-même. La méditation amène ainsi une liberté plus grande vis-à-vis de toute expérience et une qualité de vie beaucoup plus authentique. Il devient possible, par sa pratique, de mieux communiquer, de mieux comprendre les autres, et d'expérimenter ce qui nous entoure d'une façon beaucoup plus ouverte et chaleureuse.

◘ Dans ce non-attachement ne risquons-nous pas de devenir indifférents au monde qui nous entoure ?

Certainement pas : le non-attachement dont nous parlons n'est pas un détachement indifférent, il est même l'antipode de l'indifférence. L'indifférence est une attitude d'attachement à son confort personnel : on désire être tranquille, à l'abri dans son cocon, évitant soigneusement toutes formes d'irritation. L'indifférence, c'est : "Ça m'est égal", "Je ne veux pas savoir", "Laissez-moi tranquille"...

Le non-attachement consiste, lui, à ne pas être attaché à quoi que ce soit : ni aux objets extérieurs, ni à soi-même. Le non-attachement véritable est en fait la liberté intérieure. Libre d'attachement, on est sans lien, pleinement disponible aux situations qui se présentent. On est pleinement réceptif, et ainsi en parfaite adéquation à l'instant présent. Vous comprendrez que cette adéquation à l'instant présent, développée par la pratique de la méditation, soit l'état dans lequel l'action et la vie quotidienne peuvent se dérouler d'une façon optimum.

◻ Et par rapport aux autres, comment devrait-on se conduire et pratiquer ce non-attachement ?

Par la méditation, nous aidons aussi ceux avec qui nous vivons, car sa pratique développe une aptitude à la communication et à l'amour authentique. Nous parlons ici d'un sentiment désintéressé, qui nous fait aimer l'autre non pas pour ce que l'on voudrait qu'il soit mais pour ce qu'il est vraiment. Cet amour n'est pas un attachement aux êtres - de l'attachement découlant tous nos problèmes habituels - mais une attitude ouverte dans laquelle il est possible de communiquer véritablement et d'établir une relation authentique. L'amour véritable procède du non-attachement : il peut prendre place lorsqu'on n'essaie pas d'imposer quoi que ce soit aux autres, et que l'on n'a pas non plus quelque chose à défendre. Le problème de la relation aux autres se pose alors différemment : il y a abolition des barrières qui empêchent habituellement la rencontre. Cette absence d'attachement n'a rien à voir avec de l'insensibilité ou de l'égoïsme. Dépasser ses attachements n'est pas devenir insensible, mais apprendre à transformer la relation que l'on entretient avec ses émotions et leurs objets.

◻ Ce n'est pas facile de commencer un cheminement, car il faut avoir le courage de revoir les valeurs sur lesquelles nous bâtissons en général notre vie !

Oui, c'est un engagement courageux qui demande une remise en question de nos valeurs et une révision des priorités que nous avions antérieurement ; mais c'est en même temps ce qui vaut le plus la peine d'être fait dans notre vie. La priorité de notre vie devrait être, avant tout, le cheminement spirituel, et c'est autour de lui, dans sa perspective, que les divers autres domaines de notre vie : professionnels, familiaux, sentimentaux..., devraient s'organiser et graviter. Il y a toujours dans l'existence un ordre de priorité à établir et il faut que celui-ci aille de l'essentiel au contingent. Le premier doit toujours gouverner le second et non le contraire.

Plutôt que d'essayer de contrôler les événements, il faut d'abord se changer soi-même dans les situations telles qu'elles se présentent.

◘ Nous avons parlé de la souffrance, comment définiriez-vous le bonheur ?

Il y a différents types de bonheur comme il y a différents niveaux de souffrance. Le bonheur n'est pas quelque chose qu'il faille fabriquer par quelque moyen que ce soit. C'est l'état naturel de notre esprit libre de ses conditionnements, l'état de liberté au-delà des aliénations. Le véritable bonheur ne se possède pas, c'est l'absence même de possession et de possesseur, la liberté de l'éveil.
Comprendre ainsi où se situe le bonheur authentique permet de le rechercher intelligemment. En effet, le principal obstacle à l'obtention de conditions d'existence meilleures est une quête maladroite et agressive. Cette recherche est paradoxalement animée par des attachements à ce qui nous fait souffrir : en essayant de trouver ce que nous croyons être le bonheur, nous générons notre propre malheur ! En connaissant les véritables causes du malheur et du bonheur, nous pourrons travailler efficacement pour nous libérer des unes et cultiver les autres.

◘ Tout ce qui nous arrive ne dépend pas toujours de nous. Nous faisons tous partie d'un contexte - professionnel, affectif ou familial - que nous ne pouvons pas toujours contrôler...

Oui mais, plutôt que d'essayer de contrôler les événements, il faut d'abord se changer soi-même dans les situations telles qu'elles se présentent. Il y a les situations et notre relation à celles-ci. Le bonheur ou le malheur viennent d'abord de la relation que nous entretenons avec ces situations.
Un cheminement véritable commence, comme nous en parlions, par une prise de conscience des problèmes. L'étape suivante consiste à se demander d'où viennent toutes ces difficultés. Le réflexe habituel est d'accuser les autres de tous nos malheurs. Si ça va mal, c'est à cause du système, des Russes, des Américains, des Japonais, du gouvernement, de notre patron, du voisin, de la concierge, de notre conjoint, des intempéries, etc. On blâme l'autre, c'est bien connu. Cette atti-

tude laisse de côte l'élément fondamental de la situation relationnelle : nous-même avec notre confusion et nos passions. La racine des problèmes est en nous ! Notre bien-être, ou notre mal-être, ne dépendent pas tant des situations que de la façon dont nous les vivons et dont nous nous relions à celles-ci. Cette dimension relationnelle échappe habituellement à notre perception des choses. On ne peut la modifier que par un travail sur soi-même, sur sa façon de vivre, d'expérimenter chaque instant. Nous avons tous le pouvoir de nous transformer et de transformer, par là même, les événements extérieurs. C'est là que se trouve la clé du cheminement spirituel.
Il faut, avant tout, se rendre compte que la racine de tous nos problèmes est en nous, en nos attitudes passionnelles et égotiques, et qu'il est possible en travaillant sur celles-ci de nous en libérer.

▫ Quelle est alors la bonne attitude pour commencer ?

En général, nous ne faisons que réagir aux choses sans vraiment les vivre. Il existe pourtant une possibilité d'utiliser tout ce qui nous arrive comme une occasion d'évoluer et de changer. A première vue, cela n'est pas évident et pour commencer il est nécessaire de s'être entendu dire, au moins une fois : "C'est possible", par une personne digne de confiance. Nous avons en nous, dans notre vie, la possibilité d'effectuer cette transformation ! Nous avons en nous un potentiel sain et libre, une aptitude foncière à la liberté et au bonheur qu'il nous est possible de révéler, d'actualiser, pour autant que nous fassions ce qui est nécessaire. Il faut apprendre à le faire. C'est la pratique du dharma.

▫ Vous avez parlé de conditionnements, d'où viennent-ils et comment agissent-ils dans les situations de notre vie ?

D'habitude, nous considérons ce qui nous arrive comme des situations extérieures à nous-même, alors que nous sommes un élément de celles-ci. En fait, c'est ce que nous vivons : toutes nos expériences sont des relations, des interactions entre nous et ce que nous posons comme extérieur, entre nous et notre environnement. Toutes dépendent d'un "moi" qui se vit lui-même comme quelqu'un d'autonome, d'intègre et d'indépendant. Ce "moi" tente de posséder, d'écarter ou d'ignorer les êtres et les choses qui sont autres que "moi". Notre conditionnement essentiel est cette situation dualiste de lutte du "moi-sujet" avec ses "autres-objets". Dans cette interaction "sujet-objet" nous n'expérimen-

Nous avons en nous un potentiel sain et libre, une aptitude foncière à la liberté et au bonheur qu'il nous est possible de révéler, d'actualiser, pour autant que nous fassions ce qui est nécessaire. C'est la pratique du dharma.

tons pas les choses comme elles "sont" mais comme nous les voyons au travers du filtre déformant de notre moi et de ses réactions. C'est ce que l'on appelle : l'illusion.
En prenant conscience que nous sommes partie intégrante de nos expériences, et qu'elles sont fondamentalement conditionnées par nous-même, nous pouvons commencer à desserrer les nœuds de l'illusion.

◻ Il existe quand même des événements qui ont une influence sur nous sans que nous puissions les contrôler : un accident de la route, une perte d'emploi, la disparition d'un être cher... On ne peut pas avoir d'action sur ceux-ci, pourtant on en subit le contrecoup...

C'est certain, ils nous viennent indépendamment de notre volonté, mais la façon dont nous les vivons dépend de nous. Le bonheur ne vient pas du contrôle des événements, mais plutôt de notre aptitude à avoir une relation juste à ceux-ci. On peut expérimenter une cascade d'événements pénibles et les vivre d'une façon libre, sans en être gravement affecté, en restant heureux. Le bonheur véritable dépend plus de notre état intérieur que du contexte extérieur.
Par exemple, des personnes, comme beaucoup de tibétains, qui sont dans une situation difficile et qui ont un mode de vie pauvre suivant nos critères, peuvent être tout à fait heureuses. A l'inverse, il arrive fréquemment que des gens extérieurement nantis et extrêmement privilégiés, soient, malgré cela, profondément misérables : anxieux ou déprimés.
Cela illustre que le bien-être dépend plus de ce que l'on est que de ce que l'on possède. "Ce que l'on est" signifie ici : notre attitude intérieure, notre état d'esprit, la façon dont nous vivons les situations, notre capacité à avoir une relation juste avec celles-ci.
Les causes véritables de notre mal-être ou de notre bien-être, la racine des problèmes et de leur solution se trouvent en nous, dans notre esprit.

Pourquoi Méditer ?

Kathleen Mc Donald,

Le véritable bonheur ne peut être atteint que par la compréhension et la transformation de notre propre esprit.
La méditation est l'outil de cette transformation.

Tout le monde veut le bonheur, pourtant très peu d'entre nous semble le trouver. Dans notre quête de satisfaction, nous passons d'une relation à une autre, d'un travail à un autre, d'un pays à un autre. Nous étudions l'art et la médecine, nous apprenons à être joueur de tennis ou dactylo ; nous avons des bébés, des voitures de course, nous écrivons des livres et nous faisons pousser des fleurs. Nous dépensons notre argent pour des systèmes stéréo sophistiqués, des ordinateurs, du mobilier confortable et des vacances au soleil. Ou encore nous essayons de retourner à la nature, de manger des aliments complets, de pratiquer le yoga et de méditer. Pratiquement tout ce que nous faisons est une tentative pour trouver le vrai bonheur et éviter la souffrance.

Il n'y a rien de mal à tout cela ; il n'y a rien de mal à avoir des relations et des possessions. Le problème vient du fait que nous les concevons dotées d'une aptitude naturelle à nous satisfaire, à être la cause du bonheur. Mais elles ne peuvent l'être, tout simplement parce qu'elles ne durent pas.

Par nature, tout change constamment et finalement disparaît : notre corps, nos amis, tous nos biens, l'environnement. Nous dépendons de choses impermanentes et nous nous accrochons au bonheur semblable à l'arc-en-ciel, qu'elles procurent, et cela ne provoque que déception et souffrance non pas satisfaction et contentement.

Nous faisons l'expérience du bonheur avec des choses qui nous sont extérieures mais cela ne nous satisfait pas vraiment ou ne nous libère pas de nos problèmes. C'est un bonheur de pacotille, de courte durée et peu fiable. Cela ne veut pas dire que nous devons abandonner nos amis et nos biens pour être heureux. Nous devons plutôt abandonner les conceptions fausses que nous avons à leur égard ainsi que nos attentes irréalistes de ce qu'ils peuvent nous apporter.

Non seulement croyons-nous qu'ils sont permanents et capables de nous satisfaire, mais à l'origine de nos problèmes se trouve notre vue fondamentalement fausse de la réalité. Instinctivement, nous pensons que les gens et les choses existent en eux-mêmes et par eux-mêmes, de leur propre côté ; qu'ils ont une nature intrinsèque, un quelque chose d'inhérent. Cela veut dire que nous croyons que les choses possèdent certaines qualités qui demeurent naturellement en elles ; qu'elles sont, de leur propre côté, bonnes ou mauvaises, attrayantes ou non. Ces qualités semblent être là, dans les objets eux-mêmes, bien indépendantes de notre point de vue et de toute autre chose.

Par exemple, nous pensons que le chocolat est intrinsèquement délicieux ou que la réussite est intrinsèquement satisfaisante. Mais, s'il en était ainsi, ces choses-là ne manqueraient certainement jamais de nous donner du plaisir ou de nous satisfaire, et chacun en ferait l'expérience de la même façon.

Notre conception erronée est habituelle et profondément ancrée en nous ; elle colore toutes nos relations avec les autres et notre rapport avec le monde. Nous nous posons sans doute rarement la question de savoir si oui ou non la façon dont nous percevons les choses est identique à celle dont elles existent véritablement. Si nous le faisons, il sera évident que notre image de la réalité est exagérée et partiale ; que les qualités, bonnes et mauvaises, que nous voyons dans les choses sont en fait créées et projetées par notre propre esprit.

Selon le bouddhisme, le bonheur durable et stable existe et chacun de nous a le potentiel d'en faire l'expérience. Les causes du bonheur résident dans notre propre esprit et les méthodes pour y arriver peuvent être pratiquées par n'importe qui, n'importe où et dans n'importe quel style de vie : dans la vie citadine, en travaillant huit heures par jour, en s'occupant d'une famille, en se divertissant pendant les week-ends. Par la mise en pratique de ces méthodes de méditation, nous pouvons apprendre à être heureux à tout moment, dans toutes les situations même si elles sont difficiles ou douloureuses.

Tôt ou tard, nous pourrons nous libérer nous-mêmes de problèmes comme l'insatisfaction, la colère, l'anxiété, et finalement, en réalisant le mode d'existence véritable des choses, nous éliminerons complètement la source même de tous les états d'esprit perturbateurs si bien qu'ils ne surgiront plus jamais.

Les causes du bonheur résident dans notre propre esprit et les méthodes pour y arriver peuvent être pratiquées par n'importe qui, n'importe ou et dans n'importe quel style de vie.

Qu'est-ce que l'esprit ?

L'esprit ou conscience est au cœur de la théorie et de la pratique bouddhique : depuis deux mille cinq cents ans des méditants l'ont examiné et utilisé comme un moyen pour transcender une existence insatisfaisante et arriver à une paix parfaite. On dit que tout bonheur, ordinaire et sublime, est atteint par la compréhension et la transformation de notre propre esprit.

La fonction de l'esprit, sorte d'énergie non-physique, est de connaître, d'expérimenter. C'est la conscience elle-même. Elle est claire par nature et reflète tout ce qu'elle expérimente, tout comme un lac calme reflète les montagnes et les forêts environnantes. L'esprit change d'un moment à l'autre. C'est un continuum sans commencement, tel un flot s'écoulant sans relâche ; le moment précédent de l'esprit a fait surgir ce moment présent de l'esprit, qui donne naissance au moment suivant de l'esprit etc. C'est le nom habituellement donne à la totalité de nos expériences conscientes et inconscientes ; chacun d'entre nous est le centre d'un monde de pensées, de perceptions, de sentiments, de mémoires et de rêves qui tous sont l'esprit.

L'esprit n'est pas une chose physique possédant des pensées et des sentiments ; ces expériences mêmes sont l'esprit. Étant non-matière, il est différent du corps, bien que l'esprit et le corps soient interconnectés et interdépendants. L'esprit, la conscience, circule dans notre corps Grâce aux énergies physiques subtiles qui contrôlent aussi nos mouvements et nos fonctions vitales. Cette relation explique pourquoi, par exemple, la maladie physique et le manque de bien-être peuvent affecter notre état mental et pourquoi, à leur tour, des attitudes mentales peuvent aussi bien faire surgir des problèmes physiques que les guérir.
L'esprit peut être comparé à un océan, et les événements momentanés tels le bonheur, l'irritation, les fantaisies et l'ennui, aux vagues qui s'élèvent et disparaissent à sa surface.

Tout comme les vagues peuvent retomber pour laisser apparaître le calme de la profondeur de l'océan, il est possible de pacifier les turbulences de notre esprit pour révéler sa clarté originelle naturelle. Cette capacité réside dans l'esprit lui-même et la clé pour accéder à l'esprit est la méditation.

© IKL

La méditation

Conseils aux débutants

Bokar Rimpotché

© Ed. Claire Lumière
5 av. Camille Pelletan,
13760 Saint Cannat

Bien que la nature de l'esprit soit semblable au ciel : sans forme, sans substance et sans dimension, nous ne faisons l'expérience que des limites étroites du "moi", c'est-à-dire de l'esprit dans sa nature voilée et conditionnée. Continuellement perturbé par le jeu des poisons qui l'habitent, celui-ci ne peut jamais se poser.

Beaucoup de personnes désirent méditer. Elles comprennent bien que la méditation concerne l'esprit, mais ne savent généralement pas ce qu'elle est précisément. C'est un peu comme le ciel. Tout le monde sait ce qu'il est ; personne ne vous dira jamais : "Le ciel ? connais pas." Mais l'idée qu'on a du ciel est très imprécise et il est très rare de rencontrer quelqu'un capable de le définir. Si vous demandez : "Qu'est-ce que le ciel ?" la personne interrogée ne pourra guère que pointer le doigt vers le haut et dire : "C'est ça le ciel." De même pour la méditation : on sait qu'elle existe, on pense le plus souvent que c'est une bonne chose, mais on ne sait pas vraiment ce qu'elle est.

Tout comme le ciel, l'esprit est dépourvu de centre et de limites.

Qu'est-ce que le ciel ? On dira habituellement que le soleil est au centre du ciel, la notion de centre impliquant celle de confins. Un Français sera enclin à concevoir ce centre et ces confins en relation avec la France, mais un habitant d'un autre pays appliquera ce même rapport à son pays. Cela suffit à montrer que les notions de centre et de confins du ciel ne sont que subjectives et ne correspondent pas à une description de la réalité. Les personnes qui ont l'heureuse fortune d'habiter la Provence disent souvent : "Que le ciel est beau chez nous !" Est-il cependant possible de délimiter un morceau de ciel dont on pourrait dire, de manière exclusive : "Cette partie du ciel est le ciel de la Provence."

Tout le monde sait encore que le ciel est bleu. Mais bien peu de personnes savent la raison de cette couleur. D'où vient-elle ? Est-elle matérielle ? Immatérielle ? Quelle est aussi la dimension du ciel ?

La méditation concerne l'esprit. L'esprit est très semblable au ciel : sans forme, sans substance, sans dimension. Tout comme le ciel, tout le monde sait qu'il existe, mais très rares sont ceux qui savent ce qu'il est véritablement. Tout comme le ciel, l'esprit est dépourvu de centre et de limites. Nous n'avons cependant pas l'expérience de cet état illimité ; nous réduisons au contraire l'infini au fini et demeurons enfermés dans les limites étroites de ce que nous appelons "moi". Ce rétrécissement correspond à la limitation subjective impliquée dans la notion de "notre ciel" quand un Provençal, par exemple, parle du ciel du midi de la France, comme s'il existait un morceau de ciel qu'on pourrait découper et définir comme se rapportant spécifiquement à une région. Dans l'esprit infini, sans centre ni limites, nous nous assimilons à une entité très réduite : l'ego. De là surgissent toutes nos souffrances et toutes nos difficultés, tant physiques que mentales.

Il est vrai que certaines souffrances sont en relation avec les circonstances extérieures et qu'il est plus ou moins possible d'y apporter des solutions matérielles. Face aux souffrances intérieures, par contre, tout remède matériel reste vain.

Supposons un roi dans un pays en paix et prospère, la nuit, dans son palais bien gardé. Ce roi, qui possède toutes les circonstances extérieures du bonheur, dort. Dans son rêve surgit un ennemi qui le poursuit et cherche à le tuer. Le roi souffre d'angoisse et de frayeur. Les souffrances de ce rêve ne sauraient être soulagées par aucun remède extérieur à l'esprit du rêveur. Nous pouvons, de même, posséder toutes les conditions matérielles nécessaires pour être heureux, c'est sans utilité pour l'esprit qui souffre. Seules la voie spirituelle et la méditation permettent de se délivrer des souffrances, des angoisses et des difficultés intérieures.

L'EGO ET LES CINQ POISONS

Notre esprit est fondamentalement infini, il n'est pas limité par les contraintes d'une existence individualisée ; il n'y a pas d'ego. Bien qu'il n'existe pas, nous nous assimilons à cet ego illusoire. Il est le centre et le point de repère de toutes nos relations : tout ce qui en conforte l'existence, tout ce qui lui est favorable, devient objet d'attachement ; tout ce qui, au contraire, menace son intégrité devient un ennemi, source d'aversion. Par ailleurs, la présence même de l'ego occulte la véritable nature de notre esprit et des phénomènes, nous rend incapables de discriminer entre le réel et l'illusoire. Nous sommes, en ce sens, prisonniers de l'opacité mentale. L'ego engendre aussi la jalousie vis-à-vis de toute personne considérée comme un rival possible, dans quelque domaine que ce soit. Enfin l'ego se veut supérieur aux autres : c'est l'orgueil. Attachement, aversion, opacité mentale, jalousie, orgueil, sont les cinq poisons de base produits par la saisie égocentrique.

Ils constituent un obstacle irrévocable à la paix intérieure, créant sans discontinuité inquiétudes, troubles, difficultés, angoisses et souffrances, non seulement pour soi-même, mais encore pour autrui. Il est évident, par exemple, que la colère est souffrance pour soi-même et pour celui à qui elle s'adresse, accablé par un visage furieux, des imprécations et des mots blessants.

L'ego et les cinq poisons nous conduisent en outre à accomplir des actes de caractère nuisible qui impriment dans notre esprit un potentiel karmique négatif, dont la maturation s'exprimera sous la forme de circonstances douloureuses. L'ego et sa suite sont notre véritable ennemi, non pas un ennemi visible que pourraient vaincre les armes ou quelque objet matériel, mais un ennemi invisible à qui seules la méditation et la voie spirituelle apportent la défaite. La science contemporaine

L'ego et sa suite sont notre véritable ennemi, non pas un ennemi visible que pourraient vaincre les armes ou quelque objet matériel, mais un ennemi invisible à qui seules la méditation et la voie spirituelle apportent la défaite.

a mis au point des armes d'une extrême puissance, des bombes capables de tuer d'un coup des centaines de milliers de personnes. Mais aucune bombe ne peut anéantir l'ego et les cinq poisons. En ce domaine, la vraie bombe atomique, c'est la méditation.

La loi du karma, qui signifie littéralement "loi de causalité des actes", veut que tout acte accompli dans la dualité d'un sujet et d'un objet, que cet acte soit physique, verbal ou mental, entraîne un effet en retour pour celui qui agit. Cet effet est d'abord tout à fait invisible et imperceptible, semblable à une empreinte ou une graine qui s'inscrirait dans les couches les plus subtiles de la conscience individualisée, en deçà même de l'inconscient des psychanalystes, dans l'alaya-vijnana c'est-à-dire le réservoir, ou plutôt, le potentiel de conscience. A partir de cet état latent commence un processus de maturation qui s'étale généralement sur plusieurs vies, voire sur des centaines de vies, au terme duquel la graine karmique s'exprime en déterminant soit les circonstances générales d'une existence (sexe, nationalité, richesse, possibilités physiques, intellectuelles et affectives, etc.), soit des conditions passagères (une maladie, une rencontre, un succès, un échec, etc.). Le tout fonctionne - ce n'est qu'une comparaison - à la manière d'un programme d'ordinateur : les données y sont extrêmement nombreuses, agissent les unes sur les autres, et l'adjonction de nouvelles données modifie, plus ou moins, les résultats. Du fait que nous agissons constamment sous l'emprise de la dualité - fonctionnement déformé qui ne cesse qu'à la libération - c'est un flux permanent d'éléments nouveaux qui nourrit notre potentiel karmique, en même temps qu'une constante maturation élimine d'anciennes imprégnations. L'ensemble du processus, loin d'être statique, est une continuelle mouvance.
Reste à ne pas oublier que tous les phénomènes qui régissent notre vie sont l'expression de notre karma et qu'isoler un élément est une erreur fréquemment commise. Penser que, par exemple, si l'on tombe malade, c'est un résultat karmique et qu'il est donc inutile de se soigner est une conception tout à fait fragmentaire, oubliant que notre karma veut que nous ayons aussi des médecins et des hôpitaux à qui nous adresser. La loi du karma est en fait une vision très élargie des lois naturelles qui régissent notre univers. Si l'on sème du blé, il ne poussera pas de riz Le hasard ne gouverne pas en la matière, pas plus qu'il n'a

droit de cité dans les conditions d'existence des individus. Très complexe, puisque dépendant de l'interaction d'une infinité d'éléments, la causalité karmique se résume pourtant à un principe très simple : qui crée la souffrance imprime en son propre tréfonds un potentiel de souffrance, qui crée le bonheur imprime un potentiel de bonheur.

L'esprit en vacances

Notre esprit est, dans son état habituel, habité en permanence de pensées liées aux cinq poisons. Elles se présentent à tour de rôle : tantôt sous l'influence de l'aversion, tantôt de l'attachement, tantôt de l'opacité mentale, tantôt de la jalousie, tantôt de l'orgueil. L'intensité de ces pensées peut varier grandement, mais il n'est pas un seul instant où notre esprit n'en soit agité.

C'est une belle journée de vacances : pas de travail à faire, la nourriture est prête, aucune discussion à entreprendre. Quelqu'un peut être assis tranquillement ainsi, sans aucun souci extérieur. Pourtant son esprit se fatigue. Continuellement perturbé, même de manière faible, par le jeu des poisons qui l'habitent, il est incapable de s'établir dans une paix authentique. L'esprit n'est pas en vacances. L'esprit ne peut prendre de vacances que par la méditation. Non que celle-ci permette la disparition totale des pensées ; mais elles perdent de la force et, par intervalle, s'estompent. L'esprit connaît alors davantage de paix et de bonheur.

Il se repose.

Les Occidentaux travaillent beaucoup toute l'année, dans un bureau ou ailleurs, et disposent d'un ou deux mois de vacances. C'est pour eux l'occasion d'aller à l'étranger, de se rendre au bord de la mer, à la montagne ou à la campagne, dans l'idée d'y trouver le bonheur et le repos. Malheureusement, l'esprit, quant à lui, ne part guère en vacances : les cinq poisons, les souffrances et les difficultés intérieures font partie du voyage. En fait ce ne sont que des demi-vacances. Seule la méditation procure des vacances à plein temps.

Méditation dans la vie

Un débutant doit nécessairement se retirer dans un endroit calme, adopter une posture spécifique, garder le silence et respecter certaines conditions. L'habitude et l'expérience venant, on devient cependant capable de méditer en toutes circonstances : en marchant, en travaillant, en parlant, en mangeant, etc. On dispose dès lors de beaucoup de temps pour la méditation. De plus en toutes circonstances on garde l'esprit serein, ouvert et détendu. Cette expérience de l'aise et de la sérénité, c'est cela même la méditation.

C'est aussi une expérience de liberté. La liberté est une valeur à laquelle on attache de nos jours une importance extrême. Nous aurons beau cependant avoir toute liberté extérieurement, tant que notre esprit restera prisonnier de ses poisons et de ses pensées, nous ne serons pas libres.
Un conducteur novice est très tendu au volant ; il craint de provoquer un accident, de ne pas savoir manœuvrer comme il le faudrait. Lorsque l'habitude vient, le conducteur est par contre capable, tout en étant pleinement présent à ce qu'il fait, de parler avec la personne assise à côté de lui. La conversation ne l'empêche plus de rester concentré sur le maniement de la voiture et d'être attentif à la signalisation routière. Le méditant novice doit de même être extrêmement attentif au seul exercice de la méditation ; puis, progressivement, il développe la capacité de poursuivre la méditation tout en s'occupant à autre chose, en parlant ou en travaillant. On éprouve alors en toute occasion une grande aise intérieure et une authentique liberté.

Un visage ouvert

Au fur et à mesure que nous progressons dans la pratique méditative, les poisons de l'esprit deviennent moins virulents et les pensées diminuent. Quand bien même elles restent présentes, elles perdent leur caractère contraignant et ne sont donc plus cause de souffrances. Notre esprit s'apaise et connaît la joie. Celle-ci se reflète jusque dans notre physique : notre visage est ouvert, avenant, joyeux. Nous devenons d'un contact facile et agréable ; les autres aiment nous fréquenter. La paix et le bonheur intérieurs rayonnent à l'extérieur.

Subjectivité

Notre manière de percevoir les êtres et le monde dépend principalement de notre état d'esprit. Supposez que vous soyez invité a manger par une personne à l'égard de laquelle vous éprouvez une haine profonde. L'endroit est agréable, la nourriture bonne ; cependant votre haine rend la nourriture infecte et le lieu sans charme. Lorsque, par contre, une personne que vous chérissez vous invite dans un endroit sans agrément et vous sert une nourriture médiocre, les plats deviennent exquis et l'environnement un paradis !
La différence est créée par notre mode de perception, que conditionnent l'attachement ou l'aversion.

La méditation déjà présente

La méditation n'est pas quelque chose d'extérieur qu'un Bouddha ou un maître placerait dans notre esprit. Elle y est dès à présent, quoique à l'état potentiel. Un maître ne fait qu'indiquer cette présence latente et nous donne les moyens de la découvrir en nous-mêmes.
Nous possédons tous l'état de méditation, mais nous ne savons pas nous en servir. Nous sommes dans la situation de quelqu'un qui posséderait une belle voiture mais ne saurait pas conduire. Le véhicule, aussi perfectionné soit-il, ne peut mener nulle part. Cependant, on peut aller trouver un moniteur et apprendre à conduire. Il faudra peut-être un mois ou deux d'apprentissage, au terme desquels nos efforts, dirigés par le moniteur, nous permettront de nous servir de la voiture, jusque là inutilisable. De même, l'état de méditation et l'état de Bouddha sont déjà présents en nous mais, sans l'aide d'un instructeur qualifié, nous sommes incapables de les rendre opérants. Ce serait tout-à-fait étrange de posséder une excellente voiture et de devoir la laisser au garage, tout simplement parce qu'on ne voudrait pas apprendre à conduire. Il est aussi tout à fait étrange de laisser endormi le potentiel d'Eveil de notre esprit du fait que nous reculons devant l'effort et la persévérance que demande l'apprentissage de la méditation.

L'état de méditation et l'état de Bouddha sont déjà présents en nous mais, sans l'aide d'un instructeur qualifié, nous sommes incapables de les rendre opérants.

La persévérance

Se rendre d'Aix-en-Provence à Paris en voiture est une longue route. N'ayant jamais fait le trajet, nous penserons peut-être qu'une heure suffira. En fait, après une heure de route, force est de constater qu'il reste de très nombreux kilomètres à parcourir. Si cette perspective nous décourage et que nous préférons nous arrêter là, jamais nous n'arriverons à Paris.
Certaines personnes, de même, s'engagent dans la méditation emplies d'espoirs. Après quelques mois, voire quelques jours d'assiduité, elles n'obtiennent pas les résultats escomptés, se lassent et abandonnent. Un long voyage en voiture est fatigant, c'est pourquoi on le coupe de pauses, on s'arrête pour boire un thé ou un café, puis on repart.
Quand la lassitude touche notre méditation, au lieu d'abandonner par dépit ou par désintérêt, on fait aussi une pause pour détendre l'esprit, puis on reprend le cheminement.
Les débutants apprécient généralement la méditation, mais éprouvent des difficultés à faire un effort. Ils ont confiance dans la voie, l'intelligence nécessaire pour la comprendre, mais manquent de diligence et de persévérance, pourtant essentielles.
Les débuts en méditation sont souvent mêlés d'un grand espoir d'obtenir rapidement des expériences intérieures hors du commun. Attente déçue : guère d'expériences merveilleuses, pas d'état extraordinaire. Nous sommes pressés, mais le monde intérieur n'obéit pas à notre impatience. Il arrive alors que, découragé, on se lance dans une autre voie qui, à son tour, déçoit, puis dans une autre et encore une autre.
Comment progresser clans ces conditions ?

Supposons que vous désiriez faire pousser une fleur : vous préparez la terre, vous y semez la graine, l'arrosez, la nourrisse2 d'engrais. Bientôt, apparaît une pousse qui n'a rien de la beauté d'une fleur. Déçu, vous arrachez la plante et, pensant mieux obtenir, vous semez une autre graine. Inévitablement, le résultat sera le même. Semez autant de graines que vous voudrez, vous ne verrez jamais la fleur. La patience et les soins constants apportés à la plante sont indispensables pour que la fleur puisse éclore un jour. La méditation demande aussi du temps pour se révéler fructueuse. Patience, persévérance et régularité amènent un jour à l'épanouissement de la fleur splendide de l'esprit. Méditer ne serait-ce que dix minutes chaque jour sans y manquer, est déjà profitable. En un mois, on aura médité cinq heures. Continuer ainsi régulièrement au fil des mois et des années permettra certainement de progresser.

La saveur de la méditation

Comprendre les bienfaits de la méditation est quelque chose d'impossible sans une expérience personnelle, aussi impossible que de saisir le goût d'un aliment inconnu. Si, n'ayant jamais goûté de chocolat, vous me demandez de vous expliquer son goût, je pourrais vous dire :

– *Hummm, c'est bon !*

– *Bon comment ?*

– *Eh bien, c'est sucré.*

– *Sucré de quelle manière ?*

Par des rapprochements, peut-être arriverais-je à vous donner une idée très approximative du chocolat ; il resterait néanmoins pour vous plus ou moins mystérieux. Si, par contre, vous mettez un morceau de chocolat dans votre bouche, vous en connaissez immédiatement la saveur, sans hésitation possible. Une explication, même détaillée, des bienfaits de la méditation, restera toujours impuissante à les faire comprendre ; seules une pratique personnelle et une expérience directe feront découvrir son authentique saveur.

Questions - Réponses

◻ Je médite depuis plusieurs années, et j'ai maintenant plutôt l'impression de régresser :

Cela peut venir du karma, ou bien encore du fait que vous investissez moins d'effort et de diligence dans votre pratique. Ce sentiment de régression est souvent le

signe du laisser-aller, du manque d'énergie. Mais c'est peut-être aussi une erreur dans votre manière de méditer.
Lorsque nous rencontrons des difficultés à méditer, certains remèdes doivent être apportés. Afin d'étayer la méditation proprement dite, il faut mettre en œuvre des techniques pour se purifier, rassembler le mérite, s'ouvrir à la grâce du Maître, développer l'aspiration et la diligence. Pour qu'une fleur voie le jour, il ne suffit pas d'une graine : encore faut-il qu'elle soit nourrie par la terre, l'eau, l'engrais, la chaleur. Méditer requiert aussi autre chose que la méditation : purification, mérite, grâce, écouter fréquemment des instructions, effort, persévérance. Seul un contexte complet de méditation conduit à l'Eveil.
Il arrive parfois que, même progressant, on ait le sentiment de stagner ; ou que stagnant, on ait l'impression de progresser ! On est souvent le mauvais interprète de sa propre méditation.

◘ Les Occidentaux ne sont-ils pas handicapés dans la voie méditative par la complexité de leur mental ?

La différence et la difficulté ne viennent peut-être pas de la complexité de l'esprit des gens. Il est vrai qu'en Inde ou au Tibet, les conditions de vie étaient plus simples, mais l'esprit des hommes était tout aussi complexe, encombré de toutes sortes de pensées et de préoccupations. Les Occidentaux cultivent beaucoup plus leurs facultés intellectuelles que les Orientaux, au détriment des valeurs spirituelles. Les Orientaux, pour leur part, ont une foi et une diligence beaucoup plus grandes. Telle est sans doute la vraie différence.

◘ L'état de Bouddha, est-ce seulement la paix de l'esprit, ou cela implique-t-il aussi une connaissance particulière ?

La paix infinie de l'esprit est le lot propre d'un Bouddha. Inhérentes à cette paix, se révèlent des qualités qui s'expriment pour le bien d'autrui. Un Bouddha a la connaissance totale de la nature ultime de tous les phénomènes. Il voit, en même temps, que les êtres ordinaires, dépourvus de cette connaissance, souffrent : il est dès lors amour et compassion, qu'il rend effectifs et agissants par son pouvoir de secourir.

◻ Rimpotché peut-il donner une comparaison pour faire comprendre l'illusion ?

Nous prenons les apparences pour réelles. La méditation nous conduit à comprendre leur caractère illusoire : elles sont semblables à un reflet dans un miroir : De même est perçue la nature illusoire des sons : ils sont semblables à un écho. Nos pensées, prises à tort pour quelque chose de réel, sont en fait semblables à un mirage. Accorder une existence réelle, inhérente, aux apparences, aux sons et aux pensées, crée la souffrance. Percevoir l'irréalité des apparences, des sons et des pensées, cela ne signifie pas la cessation de la manifestation, mais la compréhension que la manifestation est dépourvue de réalité intrinsèque. Du même coup, elle perd tout pouvoir d'engendrer la souffrance.

© Patricia Schwoerer

Expérience immédiate du présent

Lama Denys

D'après plusieurs enseignements donnés à l'Institut Karma-Ling
mis en forme par L.N. Wangmo.

L'enseignement du Bouddha transmet d'abord et surtout l'expérience essentielle : l'état de présence, l'expérience d'instantanéité immédiate qui est le cœur de la méditation.

Développer cette expérience nécessite l'apprentissage d'une relation juste à nous-même et aux autres, à l'altérité, que celle-ci soit en nous, dans nos pensées et nos émotions, ou qu'elle soit hors de nous, dans les autres et les situations du quotidien. Cette relation juste est fondée sur l'absence de fixation, au-delà des attitudes d'attraction, de répulsion et d'indifférence qui sont les trois attitudes égotiques de base : les Trois Poisons de l'esprit.

Non-lutte, non-violence

La pratique de la méditation est un exercice dans lequel, sans juger ni catégoriser nos pensées, émotions ou projections, nous commençons par les ramener à ce qu'elles sont fondamentalement : de simples processus mentaux, de simples projections, de simples pensées. Nous apprenons, dans la pratique assise, à développer à l'égard de ce qui apparaît dans notre esprit une attitude de non-lutte, de non-violence et de simplicité.

Prenons un exemple : nous sommes assis, nous méditons dans un état de détente ; tout à coup surgit une pensée puis une émotion d'agression ou de désir intense. Plutôt que de réagir en la considérant comme indigne, de la refuser ou, à l'inverse, de partir et d'abonder dans ce sens, nous la nommons simplement "pensée" et la laissons aller. L'instruction est simple, mais son application n'est pas toujours aisée. En effet, la tendance égotique habituelle est de lutter. Or plus nous luttons, plus nous nous accrochons et plus nous maintenons le processus qui entretient ces projections, pensées et conflits émotionnels.

Lâcher prise c'est abdiquer face à l'émotion sans s'y opposer ni s'y reposer.

Dans l'abandon de la lutte intérieure, nous pouvons accepter les émotions et travailler avec elles continuellement. Il n'y a plus de situation à rejeter ou qui soit impossible à traiter. Cette pratique de non-violence, de non-lutte est celle du lâcher prise. Lâcher prise c'est abdiquer face à l'émotion sans s'y opposer ni s'y reposer. Nous ne craignons plus d'être emportés par l'énergie de l'émotion dans la mesure où nous ne maintenons plus quelque chose susceptible d'être emporté.

Dépossession, 'dé-saisie'

Nos pensées, nos émotions et nos projections, ont besoin de notre attention et de nos réactions pour subsister ; elles se perpétuent dans la mesure où nous entrons en relation avec elles par nos réactions d'attraction, de répulsion ou d'indifférence. Abandonner ces fixations et ces mécanismes réactionnels revient à se déposséder de ses pensées, émotions et passions. C'est un processus de désinvestissement et de désidentification qui se réalise en développant vis-à-vis des pensées et émotions, une relation simple et directe dans laquelle, cessant d'être possédées, elles cessent par là même de nous posséder. Pour subsister, nos pensées,

nos émotions ont besoin de notre investissement, que celui-ci soit fascination ou rejet. Si notre "je" s'investit en suivant ou en essayant de réfréner ou supprimer pensées et émotions, en fait, il les stimule.
Ainsi, si nous essayons d'imposer à notre esprit un état de calme mental, nous faisons à notre insu le jeu de l'agitation : cette tentative volontariste pour imposer le calme perpétue l'agitation. Au contraire, en acceptant l'agitation, en nous détendant dans une relation simple avec celle-ci – laissant être, restant ouvert, dégagé ou désengagé – la situation se calme naturellement.
Notre esprit est semblable à une casserole qui bout sur le feu : il y a des bulles – les pensées – qui remontent à la surface. Les émotions sont de gros bouillonnements : l'esprit est en ébullition. Quand nous méditons en restant sans saisie, nous coupons court à l'énergie qui entretient ce bouillonnement, nous coupons le feu. Les bulles ne vont pas disparaître sur le champ, elles continueront même à apparaître un certain temps, mais à partir du moment où nous avons coupé le feu, l'ébullition finira par s'arrêter.

Intégration dans la vie quotidienne

Dans l'expérience de non-saisie de la méditation, les situations de la vie quotidienne deviennent moins conflictuelles et notre relation à celles-ci s'allège. Les luttes que nous entretenions font place à des relations de plus en plus souples ; émotions et situations deviennent moins solides ainsi que celui qui en est l'observateur. L'expérience des situations acquiert une qualité spacieuse et ouverte en laquelle se révèle une intelligence fondamentale qui nous permet d'être en adéquation avec la situation et d'y répondre pertinemment.

Confiance en le bon fond

Cheminer dans la méditation et pratiquer profondément la 'dé-saisie' demande que nous ayons confiance en la potentialité d'éveil qui est en nous. Cette confiance n'est pas l'adhésion à une croyance, elle se développe progressivement par la compréhension des enseignements et par leur expérience dans la relation à un guide.

En nous réconciliant avec nous-même, nous découvrons peu à peu que, quels que soient les problèmes, les souffrances et la confusion, il y a en nous quelque chose de sain et de bon, un bon fond ; la vie est fondamentalement bonne.

Nous qui possédons la précieuse existence humaine, nous pouvons prendre conscience du caractère extraordinairement privilégié de cet état humain pour réaliser l'origine du mal-être et, par le cheminement méditatif, accéder à l'émancipation ultime : le nirvana.

Par-delà les illusions des passions et de la dualité, il est un état de plénitude en lequel sont comblés toutes les insatisfactions et tous les manques. C'est ce que l'on nomme la nature de bouddha. La pratique de la méditation nous ouvre petit à petit à cette expérience de complétude qui est une expérience de non-dualité, de perfection à laquelle rien ne manque. Cette expérience est celle de la santé fondamentale, c'est notre nature véritable qui est, en chacun de nous, au-delà des projections et des voiles des passions et de la dualité.

Nous pouvons commencer à cheminer dans cette direction en découvrant, dans la pratique de la méditation, une qualité intérieure de douceur et de bonté. L'agression, sous toutes ses formes, n'est pas le seul mode d'être et de fonctionnement possible. En nous réconciliant avec nous-même, nous découvrons peu à peu que, quels que soient les problèmes, les souffrances et la confusion, il y a en nous quelque chose de sain et de bon, un bon fond ; la vie est fondamentalement bonne.

VIE DE RETRAITE ET RETRAITE FONDAMENTALE

Pour découvrir l'expérience de la méditation dans ses différentes formes et la cultiver, il est utile de favoriser les bonnes conditions extérieures qui aident à développer une attitude intérieure d'ouverture et de présence.

Non-attachement

Pris dans la poursuite de buts mondains, nous sommes habituellement fascinés et possédés par toutes sortes de gratifications. Nous croyons trouver le bonheur à l'extérieur, dans leur recherche frénétique et névrotique qui est faite d'attachements et de possessions.

Lorsque nous réalisons le caractère défectueux et insatisfaisant de telles attitudes, nous devenons prêts à délaisser ce qui est reconnu comme la source de problèmes et de souffrances que l'on ne souhaite pas. Cet abandon, loin d'être une contrainte, est alors vécu joyeusement, comme si l'on déposait un lourd fardeau, nous libérant de liens qui nous entravaient pour accéder à la liberté.
Sans développer une attitude de rejet ou d'abandon du monde, ni de fuite devant ses responsabilités, comprenant que le véritable bonheur et la liberté ne proviennent pas, ultimement, des conditions extérieures, nous pouvons orienter notre vie vers les conditions favorables à une pratique sincère et authentique.

Conditions favorables à l'apprentissage de la pratique

Il y a une tendance habituelle à dissocier méditation et action, vie contemplative et vie active. En réalité, il n'y a aucune antinomie entre méditation, contemplation et vie active. Fondamentalement, la pratique de la méditation ne nécessite pas qu'on aille vivre en retraite ou en ermite dans la solitude des montagnes. Il est possible de pratiquer la méditation dans la vie quotidienne, c'est ce que font la plupart des pratiquants ; on peut progresser ainsi et en tirer de grands bienfaits.
Néanmoins, les bases de la méditation se développent mieux et plus facilement dans le calme et l'isolement. Le silence extérieur est un élément favorable pour développer le silence intérieur, de même que le calme extérieur favorise le calme intérieur. Dans un environnement favorable, nous sommes moins soumis aux stimulations et agressions du monde extérieur, qui engendrent agitation, pensées, émotions et réactions conflictuelles. C'est pourquoi, pour trouver les conditions optimales de pratique, on se met en retrait de l'agitation et des distractions, dans une situation de “retraite”.

La retraite fondamentale

Quand l'expérience de présence attentive et ouverte commence à se stabiliser dans la méditation assise, il est alors possible de l'extrapoler et de l'intégrer dans les situations de la vie quotidienne. Revenir à cette présence est ce que l'on nomme le “rappel”. Puis ce rappel se développe dans toutes les situations

concrètes du quotidien : en se réveillant le matin, en prenant sa voiture, en montant un escalier, en décrochant le téléphone, en abordant un interlocuteur, en mettant la clé dans la serrure de la porte, en commençant un repas, en s'endormant...
La pratique régulière du rappel de la présence attentive et ouverte transforme les situations de la vie quotidienne. La vie ordinaire est toujours la vie ordinaire mais l'expérience extraordinaire que l'on en développe la transforme complètement. Cette expérience extraordinaire de l'ordinaire est la méditation en action. La vie quotidienne vécue en retrait des fixations qui habituellement nous possèdent est "la retraite fondamentale".

La vie quotidienne vécue en retrait des fixations qui habituellement nous possèdent est "la retraite fondamentale".

La réalisation dans la vie active

Dans la tradition bouddhique, de nombreux accomplis ont atteint la réalisation en dehors d'une vie érémitique ou monastique. Ils ont continué leurs activités dans le monde en changeant leur attitude intérieure. Apprenant à vivre dans l'état de Mahamudra, "l'instantanéité immédiate", ils en ont réalisé l'expérience et la cultivant en toutes circonstances sont arrivés au plein et parfait Eveil. Certains étaient cordonniers, fabricants de flèches, marchands de vin, fermiers, etc. Tout en exerçant leur profession, vivant en celle-ci l'expérience de Mahamudra, ils ont réalisé l'Eveil. Cette possibilité existe, elle est accessible à des personnes hautement réceptives.

Méditation assise et en action

D'une façon générale, il est nécessaire de combiner méditation assise et en action. La méditation assise est alors une situation de retrait, d'apprentissage préparatoire à la méditation en action. La retraite n'est pas un but en soi mais un moyen qu'il est bon de savoir utiliser à bon escient et au bon moment. On commence à travailler sur son esprit, ses pensées, ses émotions, dans le calme de la méditation assise, en retrait ; puis, petit à petit, les qualités et les découvertes entraperçues dans cette situation de retrait sont intégrées à la vie quotidienne.
Bien que la méditation en action soit le but et l'idéal d'un bodhisattva - un héros d'éveil - il est juste que celui-ci se mette temporairement à l'écart. Nombre de grands bodhisattva ont même passé leur vie en retraite ; soit ils n'avaient pas

encore acquis la stabilité intérieure qui leur aurait permis d'aider véritablement autrui au niveau le plus essentiel ; soit ils jugeaient que pour eux, la meilleure façon d'aider était de montrer l'exemple d'un retraitant qui soit source d'inspiration pour ceux qui sont incapables de se défaire des filets du samsara.
Si l'on veut sincèrement soigner et aider, il est primordial d'être capable de bien le faire. Aussi longtemps que l'on n'a pas la compétence d'un médecin, il est juste de continuer ses études et son apprentissage sans s'improviser soignant. Mais, bien évidemment, cette prudence n'empêche pas d'aider déjà, dès aujourd'hui, modestement, au niveau où l'on en est capable, et autant que l'on peut.

Progressivement, l'expérience de la méditation et la vie quotidienne fusionnent. Alors qu'au début elles semblaient très différentes, par la dicipline et la pratique du rappel – par l'apprentissage assis et en action, en retrait et engagé – l'expérience méditative finit par s'intégrer en toute situation. Nous pouvons réaliser que le Dharma est la vie quotidienne, et que la vie quotidienne est Dharma.

Le jus de pomme de Thanh Thuy

Thich Nhat Hanh

La vision profonde, de la pleine conscience à la contemplation intérieure
Ed. Albin Michel, 1995

Comment transmettre ses valeurs spirituelles de la façon la plus naturelle à nos enfants si ce n'est en les pratiquant soi-même. La valeur de l'exemple n'est plus à démontrer. Thich Nhat Hanh nous propose dans la simplicité de cette anecdote de découvrir comment offrir des images qui nous rappelle et qui raconte à nos enfants ce qu'est la spiritualité et comment la vivre dans notre quotidien.

Aujourd'hui, trois enfants, deux filles et un petit garçon, sont venus du village pour jouer avec Thanh Thuy (prononcez "Tahn Tui"). Tous les quatre se sont précipités vers le coteau derrière notre maison pour y jouer ; ils étaient partis depuis environ une heure quand ils sont revenus demander quelque chose à boire. J'ai pris la dernière bouteille de jus de pomme fait maison et j'ai donné un verre plein à chacun en servant Thuy la dernière. Comme sa part provenait du fond de la bouteille, il y avait donc un peu de pulpe dans son verre. Quand elle a remarqué les particules, elle a fait la moue et a refusé de le boire. Aussi, quand les quatre enfants sont retournés à leurs jeux sur la colline, Thuy n'avait rien bu.

Une demi-heure plus tard, alors que j'étais en train de méditer dans ma chambre, je l'ai entendue appeler. Thuy voulait se servir elle-même un verre d'eau fraîche mais, même sur la pointe des pieds, elle n'arrivait pas à atteindre le robinet. Je lui rappelai que son verre de jus de fruit était sur la table et je lui demandai de le boire d'abord. En se tournant vers lui, elle se rendit compte que la pulpe s'était déposée et que le jus semblait clair et délicieux. Elle alla jusqu'à la table et prit le verre à deux mains. Après en avoir bu la moitié, elle le reposa et demanda : "Est-ce un verre différent, Grand-Père Moine ?" (terme habituellement utilisé par les enfants vietnamiens pour s'adresser à un moine choisi par leurs parents comme maître spirituel).
"Non, répondis-je. C'est le même qu'auparavant. Il s'est assis paisiblement pendant un moment, et maintenant, il est transparent et délicieux." Thuy observa à nouveau le verre. "Il est vraiment bon. Est-ce qu'il t'a imité pour pratiquer la méditation assise, Grand-Père Moine ?" Je ris et lui caressai les cheveux. "Il serait plus juste de dire que j'imite le jus de pomme quand je m'assois."

Chaque soir, à l'heure à laquelle Thuy va se coucher, je me mets en position assise pour méditer. Je la laisse dormir dans la même pièce, non loin de l'endroit où je suis assis. Nous avons passé un accord : quand je m'installe pour méditer, elle doit aller au lit sans parler. Dans cette ambiance paisible, elle plonge facilement dans le sommeil, et elle s'endort habituellement au bout de cinq ou dix minutes. Quand j'arrête de méditer, je la couvre avec une couverture.
Thanh Thuy est une fille de boat people. Elle n'a pas encore quatre ans et demi. Elle a pris la mer avec son père et ils sont arrivés en Malaisie en avril de l'année dernière. Sa mère est restée au Vietnam. Quand son père arriva en France, il nous laissa Thuy pendant plusieurs mois afin d'aller chercher du travail à Paris. Je lui ai appris l'alphabet vietnamien et quelques chansons populaires de notre pays. Elle est très intelligente et, au bout de deux semaines, elle était capable de déchiffrer et de lire lentement un livre de Léon Tolstoï, que j'avais traduit de l'anglais en vietnamien.

Chaque soir, Thanh Thuy me voit m'asseoir. Je lui ai dit que je pratique la méditation assise sans lui expliquer ce que cela signifie ou pourquoi je fais cela. Chaque soir, quand elle me voit me laver le visage, mettre ma robe, et allumer un bâtonnet d'encens pour parfumer la pièce, elle sait que je vais bientôt "méditer". Elle comprend aussi que c'est l'heure pour elle de se brosser les dents, de mettre son pyjama, et d'aller tranquillement se coucher.

Je n'ai jamais eu à le lui rappeler.

Il ne fait aucun doute que Thuy a pensé que le jus de fruit s'était assis pendant un moment pour se clarifier, tout comme son Grand-Père Moine. "Était-il en train de pratiquer la méditation assise, comme toi ?" Je suis certain que Thanh Thuy, qui n'a pas encore quatre ans et demi, comprend ce qu'est la méditation sans avoir besoin d'explication. Le jus de pomme est devenu clair après s'être reposé un moment. De la même façon, si nous méditons un moment, nous aussi, nous deviendrons clair. Cette clarification nous rafraîchit et nous procure force et sérénité.

Comme nous nous sentons rafraîchis, notre environnement se régénère par le fait même. Les enfants aiment à venir près de nous, pas simplement pour avoir des bonbons ou écouter des histoires. Ils aiment être près de nous parce qu'ils peuvent sentir cette "fraîcheur".

Cette nuit, un invité est venu. J'ai rempli un verre avec le reste de jus de pomme et je l'ai mis sur la table au milieu de la salle de méditation. Thuy était déjà profondément endormie, et j'ai invité mon ami à s'asseoir tranquillement, tout comme le jus de pomme.

Lama Denys

Enseignement donné à Chamonix
en octobre 1987

La méditation pour bien vivre ses émotions

La tradition du Bouddha peut se définir comme une science de l'esprit, une science qui permet de réaliser ce qu'est fondamentalement notre esprit et de développer une relation harmonieuse avec ce qui se vit en celui-ci et autour de nous, dans notre environnement. La pratique de la méditation est le moyen de cette réalisation, ce qui nous apprend à travailler avec le contenu de notre esprit, la matière première que nous sommes et avec tous les phénomènes mentaux et émotionnels auxquels nous sommes continuellement confrontés.

Notre esprit est habité de pensées, d'émotions, et il vit à la fois dans et de ses projections. Pensées, émotions et projections sont trois façons de nommer les productions de l'esprit. Notre mental engendre des formes, des noms, des images, des idées, des conceptions qui définissent les choses, les personnes ou les situations que nous vivons. Ces noms et ces notions que nous appliquons ou projetons sur le réel nous permettent de le décrypter, de l'interpréter ; ils constituent en même temps ce que nous en percevons.

C'est ainsi que nous expérimentons nos projections. Ces conceptions, représentations ou projections, sont ce que l'on nomme traditionnellement, au sens large, des pensées. La notion de pensée dépasse ici ce que l'on entend habituellement par le simple fait d'avoir une pensée ; dans cette acception, toutes les formes de représentations et de projections mentales sont des pensées.

Les émotions sont un cas particulier de pensée qui, en fonction de la situation extérieure et de nos prédispositions intérieures, se trouve investie d'une charge affective particulière. Par exemple lorsque vous pensez à une personne, c'est d'abord une simple pensée. Puis, s'il se trouve que cette personne est votre bien-aimée ou, au contraire, votre ennemi déclaré, la pensée se trouve alors investie par l'attraction et la bienveillance ou à l'inverse, par la répulsion et l'agressivité ; elle devient ainsi une émotion. Lorsque nos pensées, initialement simples représentations du mental, se trouvent ainsi investies d'une charge affective, elles deviennent des émotions. L'émotion est une pensée investie d'un affect qui la charge et l'"énergise'.

Par projection nous entendons les représentations de notre mental qui découpe, structure et nomme toute notre expérience en un certain nombre de schémas, de formes et de noms, pourvus de propriétés et de fonctionnalités particulières. Ces représentations constituent une interprétation, une carte du terrain de l'expérience, qui nous sert à le comprendre et à nous diriger dans celui-ci. Nous nous représentons le monde dans nos pensées, et cette représentation du monde est notre "projection" car ce que nous expérimentons dans celle-ci n'est pas la réalité telle qu'elle est, mais notre version individuelle de celle-ci. De plus, dans la vision du Bouddha, cette notion de projection est très profonde et dépasse ce que l'on entend habituellement par ce terme dans le contexte psychologique. La projection constitue le monde perçu "extérieurement" et va de pair avec une introjection qui constitue le sujet qui perçoit "intérieurement". Les deux se posent l'un par rapport à l'autre, dans leur relation réciproque, constituant ainsi l'expérience dualiste sujet-objet, observateur-observé.

Nous existons, vivons et fonctionnons constamment dans ces processus de pensées, d'émotions et de projections.

Émotions conflictuelles et émotions par participation

Lorsque l'on parle de la méditation comme outil d'un travail sur les émotions, on rencontre très souvent une mauvaise compréhension qui consiste à penser que la pratique de la méditation serait un moyen de développer un état dans lequel nous n'aurions plus aucune émotion, plus aucun sentiment ! Certains pensent que ceux qui pratiquent la méditation essayent de ne plus avoir de pensées ni d'émotions, et ils se disent que cela doit être terriblement ennuyeux ! Les émotions ne sont-elles pas le sel de la vie ?

Cette façon d'envisager la méditation est complètement erronée. La pratique ne consiste pas du tout à ne plus avoir d'émotions, mais à dépasser le caractère conflictuel des émotions habituelles, c'est-à-dire à vivre ses émotions pleinement et harmonieusement, au-delà des conflits et de la dualité. Il s'agit finalement d'une transmutation des passions en énergie de sagesse.

Mais, pour aller plus avant, il serait important à ce point d'établir une distinction entre deux types d'émotions :

- les émotions conflictuelles d'une part,
- les émotions qu'on pourrait appeler “par participation” d'autre part.

Ces deux types d'émotions pourraient aussi être dites, respectivement, “émotions maladives” et “émotions saines”.

Essayons d'abord de comprendre ce qu'est une émotion conflictuelle. Comme son nom l'indique, une émotion conflictuelle est une émotion qui engendre un conflit et qui induit ainsi un état intérieur de perturbation : c'est une émotion perturbatrice. Prenons l'exemple de la colère : elle peut provoquer une situation d'agressivité extrêmement conflictuelle dans laquelle on s'oppose radicalement à ce qui est source de la colère ; on dit non à ce que l'on refuse et l'on s'irrite violemment contre ce mauvais objet. De tels conflits, sous d'autres formes relationnelles, surviennent aussi avec des émotions comme l'attachement, le désir, l'orgueil, la jalousie, l'avidité, etc.

La notion d'émotion conflictuelle correspond à celle d'émotion ou de passion dualiste, une émotion expérimentée par un moi qui entretient une relation d'attraction, de répulsion ou même d'indifférence avec son objet. Il y a le moi et l'autre et entre les deux une tension émotionnelle, une polarisation, moi essayant de suivre, de repousser ou encore d'ignorer son objet. L'émotion est alors d'autant plus forte que cette tension est intense et que la lutte entre le moi et l'autre est fortement polarisée. Cette relation dualiste ou duelle est conflictuelle.

Le deuxième type d'émotion, que nous nommons émotion par participation, est une émotion dont l'intensité, l'énergie, est vécue sans conflit ni dualité. Ce n'est pas une émotion dualiste car elle ne se constitue pas dans l'antagonisme du moi et de l'autre, elle ne se pose pas dans leur opposition. C'est au contraire une émotion qui naît d'une rencontre empathique du moi et de l'autre, de leur communication-communion.
Ce serait par exemple, le type d'émotion que l'on pourrait ressentir dans une attitude authentique d'amour ou de compassion, en laquelle on s'oublie soi-même, s'ouvrant pleinement à l'autre. C'est encore l'émotion que l'on peut éprouver lors d'une expérience de participation pleine à quelque chose de très beau, que ce soit un paysage, une œuvre artistique, musicale ou autre. On est ravi par la beauté de l'expérience en laquelle on s'oublie , l'intensité de ce ravissement révélant une énergie extrêmement profonde et non conflictuelle. C'est une émotion de participation, un moment durant lequel l'ego-observateur se desserre, s'abandonne, se détend, pour entrer dans une pleine participation à la réalité de la situation. Un point très important est que cet état de participation est très intelligent ; il permet d'expérimenter la véritable texture de la situation, ses possibilités et d'y répondre de façon adaptée et harmonieuse.

Les émotions conflictuelles sont fondées sur la solidification des projections, alors que les émotions de participation sont basées sur le retrait ou la dissolution des projections.

Accepter... Neutralité bienveillante

La méditation avec les émotions consiste à transformer ou transmuter les émotions conflictuelles en émotions par participation, en les libérant de toutes les fixations et même de la saisie dualiste. Cette transmutation s'opère en apprenant d'abord à cesser de lutter avec l'émotion. Plutôt que de juger qu'elle ne devrait pas être là, plutôt que de lui dire non, en la chassant, la refusant, la pratique de la méditation nous apprend dans un premier temps à l'accepter et l'accueillir, à lui dire oui. Mais ce oui n'abonde pas dans le sens de l'émotion. Il ne s'agit pas non plus de se dire qu'il est juste et bon qu'elle soit là, et par là de justifier que l'on abonde en celle-ci en la défoulant. C'est un oui tout simple qui, simplement, accepte ce qui est, qui accueille avec bienveillance la pensée ou l'émotion qui survient, sans paniquer, sans essayer de prendre de la distance et sans être fasciné ou captivé par celle-ci. On développe ainsi une attitude d'acceptation, de neutralité bienveillante vis-à-vis de la pensée ou de l'émotion.

Ni refouler ni défouler

Capable d'accepter ainsi ses pensées et ses émotions, on apprend à ne pas les suivre. Il s'agit ni de les fuir, ni de les suivre, ni de les chasser, ni de les attirer, ni de les défouler, ni de les refouler. La méditation entretient un état d'ouverture et de vigilance qui permet d'expérimenter pleinement et simplement les émotions, sans les chasser dans la crainte d'être submergé, et sans être fasciné ou emporté par elles. Ni fuir... ni suivre..., c'est la pratique de l'attention sans saisie.

Attention sans saisie... dépossession de l'émotion

La pratique de la méditation Shamatha-Vipashyana (rester tranquille et voir clairement) est cette pratique de l'attention sans saisie. Elle permet peu à peu de développer vis-à-vis de l'émotion une relation d'absence de fixation, une attitude transparente de 'déprise', de lâcher prise profond qui évite le développement de l'émotion en mode conflictuel. L'énergie de l'émotion qui a été accueillie avec douceur et bienveillance n'est ni repoussée, ni suivie : elle vient, est, passe, et est passée. Nous découvrons que les émotions nous possèdent dans la mesure où nous les possédons. En nous en dépossédant, nous cessons d'être possédés par celles-ci et sommes de plus en plus libres. En fait, l'emprise qu'a sur nous l'émotion conflictuelle est proportionnelle à la fixation que nous avons sur elle.

Pratiquement, l'expérience ouverte de la texture énergétique de l'émotion, telle qu'elle est simplement, dissout son caractère conflictuel et lui permet de se décharger.
Il devient ainsi possible de vivre harmonieusement et librement toutes les émotions, dans toutes les situations, avec tous les états d'esprit que l'on peut rencontrer, même les plus intenses et violents.

Reconnaître la nature de l'émotion

Si l'on est capable de reconnaître l'émotion comme étant juste une émotion, celle-ci perd sa fascination et son emprise sur nous. On la voit alors comme étant simplement le jeu de l'esprit au lieu de la prendre pour quelque chose de spécial, auquel nous attachons une attention particulière, comme nous le faisons habituellement. La reconnaissant ainsi, elle s'atténue et se dissipe. Bien sûr, si vous disiez à quelqu'un qui se met en colère contre vous : "Mon cher, c'est votre émotion", sa réponse sera sans doute : "Comment, c'est mon émotion !? Ce n'est pas mon émotion, c'est votre attitude inadmissible !" En fait, nous réagissons à nos émotions dans la mesure où nous les considérons comme vraies et réelles ; les reconnaître comme de simples phénomènes mentaux permet de se libérer de leur emprise. C'est un autre aspect de la méditation de Shamatha-Vipashyana.

Transmutation de l'émotion...

La continuité de cette pratique conduit à la possibilité de transmutation. Lorsque l'énergie inhérente à l'émotion est libérée de la fixation, de la possession du moi, elle se trouve transmutée en une énergie d'expérience primordiale qui est une expression de sagesse. L'énergie de l'émotion reste mais ce qui était une émotion conflictuelle devient une émotion non dualiste, une émotion de participation, d'empathie.
Ce niveau de transmutation ne peut néanmoins se développer que sur la base de l'acceptation et de la reconnaissance. Il est d'abord essentiel dans notre pratique d'apprendre en premier lieu à reconnaître les émotions. Les ayant reconnues, ayant découvert leur transparence, il nous est ensuite possible de passer au niveau de la véritable transmutation. Au moment où l'on cesse de se fixer sur l'émotion, on

découvre un état dégagé en lequel l'énergie de l'émotion se décharge en rayonnant librement. Elle devient une énergie libre dans la mesure où il n'y a plus personne pour la posséder, se l'approprier ou essayer de la maîtriser. Devenue une émotion de participation, son énergie se développe et trouve naturellement, dans sa propre intelligence, une réponse spontanément harmonieuse. C'est alors une émotion éveillée.

Simplement, il s'agit de trouver et de cultiver l'état d'absence de fixation, de non-attachement, de non-possession de l'émotion ; c'est dans cet état d'absence de saisie et de liberté intérieure que se révèle l'intelligence fondamentale qui trouve naturellement une réponse juste aux situations.

Cette approche, une fois réalisée, permet d'utiliser l'énergie même des émotions en la transmutant.

… En les cinq sagesses

Dans la typologie traditionnelle, les émotions conflictuelles sont présentées en cinq familles fondamentales qui sont : désir, aversion, opacité mentale, jalousie et orgueil. Dans la perspective du Vajrayana, ces cinq types d'émotions conflictuelles transmutées deviennent les cinq intelligences primordiales ou les cinq sagesses qui sont les cinq modalités ou expressions de l'intelligence éveillée.

L'agression devient la sagesse semblable au miroir ; l'opacité mentale, la sagesse de la totalité ; le désir-attachement, la sagesse du discernement ; la jalousie, la sagesse toute accomplissante et l'orgueil, la sagesse de l'égalité.

L'auto libération

Nous avons déjà vu que la transmutation s'opère en libérant l'émotion de la fixation qui la possède, cette dépossession, cette 'dé-saisie', se réalise en se détendant, en se relaxant dans l'émotion, en s'y relâchant complètement, parfaitement. C'est la base de ce que l'on nomme l'auto-libération des émotions, au sens ou il n'y a pas à les libérer par une activité ou un remède particulier mais simplement à les laisser se libérer d'elles-même dans cette relaxation, libération, fondamentale.

La méditation, voie de libération

La pratique de la méditation est l'ensemble des exercices spirituels qui nous permettent de comprendre l'esprit et ses contenus et de nous libérer de leurs aliénations et illusions.

Dans ce contexte, la pratique de la méditation est l'ensemble des exercices spirituels qui nous permettent de comprendre l'esprit et ses contenus et de nous libérer de leurs aliénations et illusions. Une première approche intellectuelle est utile mais c'est surtout la pratique méditative qui permet, en travaillant avec l'expérience même des pensées, émotions et projections, de reconnaître leur nature et ainsi de nous libérer de leurs illusions. La pratique de la méditation nous permet ainsi d'être de moins en moins conditionnés par nos pensées, de moins en moins en proie à nos émotions et esclaves de nos projections. C'est pourquoi on en parle comme d'une voie de libération.
Comprenons bien que le travail de transformation des émotions s'opère au sein d'une pratique ; il ne s'agit pas d'une théorie, d'une démarche intellectuelle ou philosophique, mais bien d'un apprentissage et d'un entraînement. La méditation est l'outil du cheminement spirituel et du travail avec les émotions. Dans la pratique on en distingue deux volets complémentaires :
- la méditation assise,
- la méditation dans l'action.

La méditation assise

Elle se développe, comme son nom l'indique, assis sur un coussin, au calme, dans un endroit isolé, avec une posture, en suivant des instructions particulières comprenant généralement l'attention au souffle.
On y apprend à se désinvestir des pensées et des émotions en portant l'attention sur un support comme le souffle. Pour commencer, plutôt que de nous fixer sur nos pensées et nos émotions et de réagir par rapport à celles-ci, nous apprenons à n'être

attentif qu'à notre souffle, à être complètement présent à celui-ci. Nous apprenons à être pleinement présents à notre respiration, et plus particulièrement à l'expiration, dans un moment d'ouverture et de lâcher prise, conduisant à découvrir un état sans appui. Plus nous sommes capables de développer cette attention précise et complète à notre souffle, plus il nous est possible de nous dégager de la fascination qu'exercent habituellement sur nous pensées et émotions. Lorsqu'une certaine aptitude d'attention dégagée a ainsi été développée dans le contexte privilégié de la méditation assise, l'expérience acquise est transposée dans les situations de la vie quotidienne. C'est la méditation en action ; nous y apprenons à ne pas nous fixer sur les pensées et les émotions vécues dans les situations auxquelles nous sommes confrontés à chaque instant.

La méditation dans l'action

C'est l'intégration de l'état d'absence de fixation, l'attention sans saisie, dans le contexte de la vie quotidienne. Ce dégagement des pensées et des émotions révèle une qualité de présence lucide et d'intelligence ouverte qui permet d'agir d'une façon fondamentalement juste et précise, dans le retrait des projections et a priori, en relation directe et en harmonie avec la réalité des situations.

Sans plus aucune ambition
je laisse ma nature suivre son cours
où elle veut
il y a dix jours de riz dans mon sac,
et devant l'âtre
un fagot de bois.
Qui bavarde sur l'illusion
ou le nirvana ?
oubliant les poussières
semblables du nom et de la fortune,
écoutant la pluie nocturne
sur le toit de ma hutte,
je suis assis à l'aise,
les deux jambes étendues.

Ryokan

Le cheminement

L'apprentissage de la méditation

Approche de la méditation

Kyabdjé Kalou Rimpotché

La pratique de la méditation est une méthode simple, directe et efficace pour comprendre la nature des pensées, des phénomènes et traiter les souffrances qui proviennent des émotions conflictuelles.

Il y a deux approches tout à fait valables dans la méditation ; toutes les deux sont nécessaires et très importantes. La première est une approche intellectuelle, analytique, et la seconde est une approche intuitive, spontanée. Dans le premier cas, nous recevons régulièrement les enseignements d'un maître et, une fois chez nous, nous les étudions et les pratiquons ; nous réfléchissons à ce qui nous a été enseigné, nous le comparons à notre expérience personnelle afin de la valider ou non, nous l'examinons et l'analysons pour essayer de reconnaître la justesse de ce qui nous a été enseigné à un niveau conceptuel. Ce sera quelque chose de très bénéfique, mais en définitive infructueux, car cela ne nous donnera pas l'expérience authentique de la nature de l'esprit.
D'où la nécessité de la deuxième approche, plus intuitive, qui consiste à voir la nature de l'esprit sans la chercher. Contrairement à la démarche objectivante de l'esprit se cherchant lui-même, cette seconde approche consiste à demeurer dans un état de simplicité pure, dans lequel l'essence naturelle de l'esprit puisse se révéler d'elle-même.

Ainsi, plutôt que de chercher délibérément ce qu'est l'esprit, nous faisons l'expérience de sa nature d'une manière directe. Il n'y a personne qui cherche, ni rien qui soit cherché, il n'y a ni sujet ni objet, mais simplement l'état de conscience spontanée dans lequel se dévoile la nature de l'esprit. À ce niveau, nous n'observons pas l'esprit comme nous le faisions durant la méditation analytique, mais plutôt nous voyons sans regarder et comprenons sans réfléchir. Une fois que nous avons fait cette expérience fondamentale de la nature de l'esprit, les autres aspects de l'état d'éveil, l'expérience de la parole et des sons comme l'union du son et de la vacuité, l'expérience de notre corps physique comme l'union de la forme et de la vacuité, etc., ne nous posent plus de problème du tout. Une fois que nous avons saisi le sens de l'expérience fondamentale de la nature de l'esprit, ceci est immédiatement saisi. Si nous adoptons une approche de méditation sans forme ou sans objet dans Shamatha, l'expérience d'attention sans support, de vacuité, devient la méthode qui permet de développer tranquillité et stabilité de l'esprit. De façon idéale, du point de vue de la réalisation de Mahamudra, notre expérience de la vacuité est totalement non conceptuelle. Elle se situe au-delà de toutes sortes de constructions mentales telles que “Qu'est-ce que la vacuité?” et est simplement l'expérience directe de l'intangibilité de l'esprit. Ce n'est pas quelque chose que nous sommes susceptibles d'expérimenter dès le début ; aussi notre approche sera certainement mêlée à ces sortes de fabrications mentales. Ceci est inévitable, mais tout à fait propre à la méditation. Bien que la nature de l'esprit soit par essence intangible et vide, nous tournons notre esprit vers l'expérience de la vacuité. Il y a une manière de diriger l'esprit vers cette expérience de vacuité à l'exclusion de toute pensée ou concept qui pourrait distraire l'esprit.

Dans cette approche, le but de l'esprit est l'expérience de sa nature essentielle comme intangible, semblable à l'espace, libre de toute limitation. Il n'a aucune caractéristique : ni couleur, ni forme, ni dimension, ni localisation. Le point essentiel est de demeurer dans cet état sans distraction. Quand des pensées ou des distractions apparaissent dans l'esprit, nous devrions rester centré sur l'expérience de la vacuité de l'esprit sans suivre les pensées et concepts qui se présentent et sans s'abandonner à eux. Nous devrions commencer cette sorte d'approche en ne faisant que de très courtes sessions de méditation, c'est-à-dire pas plus de cinq à dix minutes, comme l'indiquent les textes traditionnels. A moins que nous ne soyons accoutumé à cet état de vigilance et de clarté de l'attention sans support, méditer très longtemps pourrait ternir cette clarté et cette vigilance de l'esprit et amener une certaine opacité ou torpeur. Ceci peut ne pas être remarqué par le méditant et alors tous les efforts pour développer Shamatha deviennent vains.

La pacification de l'esprit

Nous allons en venir à la pratique de ce qu'on appelle en tibétain chiné (qui s'écrit *zhi gnas* ; en sanscrit : *Shamatha*) : la pacification de l'esprit. Ce mot tibétain est formé de deux syllabes : "chi", ce qui veut dire apaiser, calmer ; et "né", qui signifie rester en repos, demeurer. C'est dans cet ordre qu'il convient de donner un sens au mot, car cette pratique apprend d'abord à apaiser les émotions et les pensées qui agitent et perturbent l'esprit ; donc il s'agit, dans un premier temps, de parvenir au calme. Ensuite, elle entraîne l'esprit à rester stable : c'est le repos. Il y a donc calme, *chi*, et repos, *né* : chiné. Cette pratique du calme mental et du repos de l'esprit présente de nombreux degrés : elle peut être très grossière, elle peut avoir une qualité moyenne ou excellente.

Dans son aspect le plus grossier, le calme obtenu est un état dans lequel l'esprit n'est pas agité par les pensées, n'est pas perturbé. Néanmoins, celui-ci manque de clarté. Il se trouve alors dans un état de torpeur, voire de somnolence, d'opacité. Certes, à ce niveau le plus bas, le calme n'est pas dépourvu de toute qualité, car lorsque l'esprit est au repos le corps s'y trouve aussi. Pour prendre un exemple, il y a des animaux, comme les marmottes, qui hibernent ; l'hiver, ils restent dans leurs terriers, en une sorte de léthargie. Ils ne mangent pas, ils n'urinent pas, ils ne bougent pas, ils n'ont aucun besoin. Leur corps peut rester ainsi, non agité par des pensées ou par des émotions, pendant environ six mois. Ce n'est évidemment pas à ce type de calme que nous aspirons.

Le deuxième niveau de chiné a lui-même plusieurs aspects. L'esprit peut être absorbé, soit dans le bonheur et la félicité, soit dans la clarté et la lucidité, soit dans un état sans pensées, sans concepts. Lorsqu'il développe la capacité de rester dans le bonheur qui provient de la méditation, il prend naissance dans des états supérieurs, des états divins appelés dans la cosmogonie traditionnelle "les états divins du monde des désirs". Lorsqu'il devient capable de demeurer de façon stable dans un état de lucidité, il renaît dans des états divins dits "de la forme pure". Enfin, s'il peut rester absorbé en un état dépourvu de pensées et de concepts, il renaît dans ce qu'on appelle "les mondes des

états divins non formels".
Mais toutes ces absorptions, qui peuvent être extrêmement hautes et subtiles, ne conduisent pas à la véritable libération. N'amène à la délivrance, à la libération véritable, que la forme la plus élevée de chiné, celle dans laquelle l'esprit reste non seulement au repos mais se trouve aussi capable de percevoir sa nature profonde.

On distingue dans cette approche de chiné ce qu'on appelle "les neuf niveaux de pacification de l'esprit". Ce sont neuf étapes qu'il doit franchir pour se stabiliser petit à petit. Cette stabilisation n'est pas spécifique à la tradition bouddhique ; dans toutes les autres traditions se trouvent des méthodes pour apaiser, pour pacifier l'esprit.
Habituellement, on a tendance à s'enfermer. L'esprit se confine dans le corps ; on se dit : "C'est mon corps" et l'on se tend, on se crispe. Il en résulte des douleurs corporelles, des maux de tête, etc. Il est très important de rester sans tension aucune. Une parole de Milarépa dit qu'il faut laisser l'esprit dans son immensité..., dans son immensité lucide, ouverte et détendue.
Ainsi commence-t-on à pratiquer ; mais il est très important pour la suite des exercices d'avoir un guide qualifié qui puisse nous diriger et nous mener peu à peu dans la bonne voie.
Dès que nous commençons à stabiliser notre esprit et à comprendre cette méditation, toutes les autres disciplines spirituelles et toutes les formes de pratiques deviennent beaucoup plus faciles ; on peut alors conduire celle-ci comme on circule sur une autoroute !
Dans notre état actuel, nous nous identifions à une forme qui est celle de notre corps, et depuis des temps immémoriaux nous avons pris l'habitude de penser : "Je suis cette forme. Je suis. J'existe. Je suis cela". Pour dépasser cette identification, nous allons utiliser un support de méditation. L'un des plus fréquemment utilisés est le souffle : on porte son attention sur le souffle. La maîtrise de cette technique de chiné fondée sur le souffle s'accompagne, d'une façon naturelle, d'un ralentissement de notre rythme respiratoire. Si nous faisons d'ordinaire cent respirations en une heure par exemple, il se pourra que ce rythme s'abaisse à quatre-vingt, soixante-dix, voire soixante. Et ce ralentissement a un effet secondaire important : économiser notre énergie vitale et allonger notre vie. Il y a une connexion entre le rythme respiratoire et l'usure des facultés vitales. Traditionnellement, on enseigne que cette pratique du repos de l'esprit, fondée sur la respiration, est la meilleure des pratiques en ce qui concerne la longévité.

Traditionnellement, on enseigne que cette pratique du repos de l'esprit, fondée sur la respiration, est la meilleure des pratiques en ce qui concerne la longévité.

Certaines personnes arrivent bien à laisser l'esprit sans pensées, mais dans un état inerte, immobile, opaque, un état proche du sommeil. Ce n'est pas du tout l'état propre à chiné ; c'est, peut-on dire, un état de somnolence ou de stupeur. Il est essentiel dans cette pratique que notre esprit reste lucide, attentif et vigilant, sans sortir d'un état de repos qui s'établit spontanément, autrement dit sans contrainte, sans intervention, sans fabrication. Cette pratique peut paraître extrêmement simple, mais le fait que nous n'en ayons pas l'habitude, et que notre esprit ait toujours tendance à suivre ses pensées, la rend au contraire difficile. Il est donc important de se familiariser avec elle et petit à petit on arrivera à trouver l'état de repos correct.

Lorsque nous parvenons à le laisser dans son état naturel et au repos, notre esprit se révèle progressivement dans sa nature profonde ; on peut ainsi le connaître directement et une telle méditation montre alors toutes ses qualités et toutes ses vertus, qui sont énormes.

Bien entendu, les conditions les plus favorables pour développer la pratique du calme mental et du repos de l'esprit se trouvent dans l'isolement et le silence. Mais une fois que le calme intérieur a été atteint, une fois que l'esprit est stabilisé, cet état peut être maintenu en n'importe quelle circonstance. On peut même alors utiliser des bruits violents comme supports de méditation ; par exemple, on s'installera au bord d'un torrent et l'on s'absorbera dans son grondement. Pour les citadins, il existe une autre possibilité : se mettre au sommet de son immeuble et pratiquer chiné en écoutant les bruits de la circulation !

Quand on fait cette pratique, les pensées cessent. En quelque sorte, il faut mettre un feu rouge pour que la circulation de nos pensées s'arrête. Une telle expérience est progressive ; différents signes apparaissent, qui marquent les étapes de cette progression. Il est important de reconnaître ces signes pour le succès de la pratique, et d'en parler à un guide compétent, un lama.

L'esprit de la méditation

Lama Denys

D'après le séminaire "Méditation et action" donné à Karma Ling en juin 1986

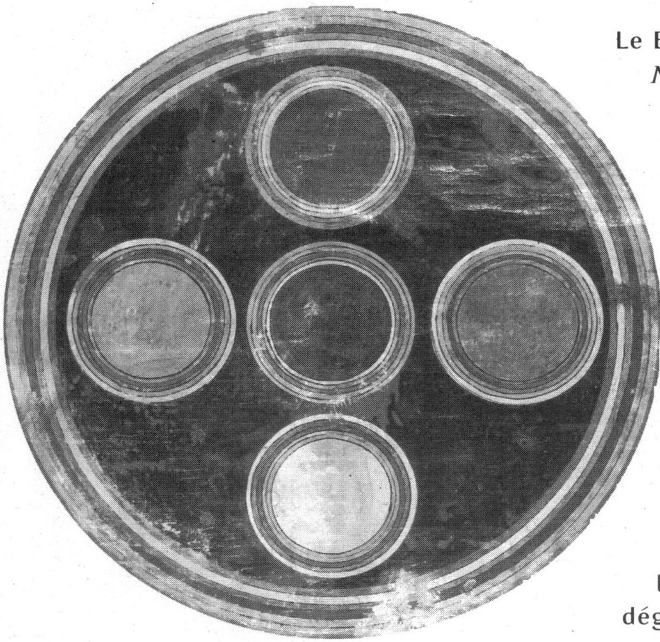

Mandala des cinq familles ©IKL

Le Bouddha-dharma, ou bouddhisme, se dit en tibétain *Nang pé tcheu* (écrit : *nang pa'i chos*), ce qui signifie littéralement "l'enseignement intérieur", au sens où c'est un enseignement qui propose la compréhension de ce qui nous est intérieur : l'esprit. Le bouddhisme est donc ce qu'on peut appeler une voie d'intériorité mais néanmoins, ce n'est pas une voie d'introversion, de repli sur soi ; bien au contraire, sa pratique nous apprend à nous ouvrir à nous-même, aux autres et au monde.

Cette pratique du Bouddha-dharma est fondée sur la méditation, c'est-à-dire l'expérience d'une relation juste à notre vécu intérieur et extérieur. Son apprentissage permet de dépasser les aspects conflictuels de ces expériences en nous libérant des illusions et des conditionnements de l'ego. Sa pratique révèle une qualité d'être, de présence dégagée, qui permet l'action juste.

Nous portons en nous la racine de nos conditionnements et de nos souffrances tout comme nous portons aussi en nous l'éveil, la nature de bouddha. Cette nature de bouddha est l'état fondamental de l'esprit au-delà du jeu des projections de l'ego. L'ego, les projections et les conditionnements qu'il induit, constituent le cycle des existences conditionnées, le samsara. En l'absence d'ego, notre esprit est bouddha : un état inconditionné, libre. Notre illusion ou notre ignorance consiste à ne pas le reconnaître, à ne pas l'avoir réalisé.

La méditation est une approche pratique qui propose l'abandon de la lutte avec nos ombres...

L'esprit dans le samsara, l'ego, existe et fonctionne dans le jeu de ses représentations et de ses projections. Ainsi, toutes les situations de notre vie sont un jeu de miroir dans lequel nous faisons l'expérience de notre propre réflexion, constamment en relation, non pas avec la réalité des choses, mais avec notre version de la réalité, c'est-à-dire ce que nous projetons sur celle-ci. Si ce jeu des projections s'applique clairement à un niveau psychologique, il a aussi une dimension beaucoup plus large. Les projections dépendent fondamentalement du sujet qui les projette et le sujet dépend aussi des projections qu'il se pose comme référence. Son existence même dépend de l'expérience qu'il en fait. Tel est le "double jeu" de l'illusion. C'est l'illusion habituelle qui nous fait expérimenter ces deux pôles observateur-projection ou sujet-objet comme des entités autonomes. Elle nous fait perdre de vue qu'à l'origine, ce sont des productions de l'esprit conditionné qui n'ont aucune existence indépendante. Dans les conditionnements de cette illusion, le moi et l'autre finissent même par entrer en conflit l'un avec l'autre. Nous luttons alors avec nos projections, c'est-à-dire fondamentalement avec nous-même, ce qui est la source de nos problèmes et de nos souffrances.
La méditation est une approche pratique qui propose l'abandon de la lutte avec nos ombres, puis le dépassement des projections illusoires et de tout leur conditionnement douloureux. Elle nous introduit à une expérience directe et immédiate de la réalité.

Méditation assise et dans l'action

La pratique de la méditation se développe dans deux situations, qui sont celles de la méditation assise et de la méditation dans l'action :
- la méditation assise consiste à s'asseoir afin d'apprendre à développer une relation juste aux différents aspects de l'altérité intérieure : ce que nous percevons "autre" en nous, nos pensées et nos émotions ;

– la méditation dans l'action cultive cette relation juste avec l'altérité extérieure, c'est-à-dire toutes les situations de la vie quotidienne. Elle ne se développe véritablement que sur la base de la méditation assise.

LA MÉDITATION ASSISE

L'ABANDON DE LA LUTTE : RESTER EN PAIX

La méditation assise demande d'harmoniser le corps et l'esprit. L'attitude au niveau du corps consiste à s'asseoir dans une posture qui favorise la détente, la lucidité de l'esprit et la stabilité du mental. L'attitude de l'esprit est fondée sur la détente et l'ouverture, l'expérience d'un état libre de toutes contraintes. Dans cette approche, il ne s'agit aucunement de se couper du monde ou de se replier sur soi, pas plus que de faire des efforts pour fabriquer un état de méditation particulier. Lorsque nous méditons, nous nous ouvrons et intégrons dans cette ouverture l'espace, la situation qui nous entoure. Il ne s'agit pas de nous protéger ou de nous enfermer dans un état qui exclurait toutes les stimulations extérieures - visuelles, auditives, ou autres - mais au contraire d'accepter la réalité en dissolvant la frontière intérieur-extérieur. Au lieu de nous protéger derrière des boucliers, nous acceptons d'être exposé, de nous ouvrir, et l'ouverture intègre l'agitation, les remous intérieurs ou extérieurs. Nous n'essayons pas d'imposer le calme à notre esprit, nous n'essayons pas de maîtriser son agitation, mais plutôt nous apprenons à nous détendre et à laisser être. L'attitude fondamentale de la méditation est non agressive. Elle consiste à abandonner la lutte avec toute forme d'altérité, elle n'essaie pas de maîtriser l'autre, que ce soit l'autre extérieur (personnes ou objets) ou l'autre intérieur (pensées et émotions). Nous apprenons à ne pas répondre aux pensées et émotions et nous cessons de réagir et de lutter pour conformer les situations, intérieure et extérieure, à notre vouloir égotique, nous acceptons simplement ce qui est, en laissant être. L'abandon de la lutte permet d'accéder naturellement à un état de paix. C'est la pratique de la pacification de l'esprit, *chiné* en tibétain, terme qui signifie littéralement "rester en paix".

Attention et conscience dégagée

Plus précisément, l'attitude de l'esprit dans la méditation a deux aspects : l'attention et la conscience dégagée. L'attention est un état de réceptivité, de disponibilité et de pleine vigilance, qui permet de voir les choses simplement et précisément. L'attention n'est pas la concentration. C'est au contraire un état de 'décentralisation', de détente et d'absence de fixation sur des objets extérieurs, des expériences sensorielles, ou des pensées intérieures. C'est une qualité de présence lucide dans laquelle les sens sont alertes et l'esprit clair et vigilant.

L'attention est lucidité, acuité de l'expérience, l'ouverture d'esprit c'est la conscience dégagée. Ces deux aspects se révèlent pratiquement concomitants, ce sont deux facettes d'un même état d'esprit.

Dans cette attention, l'esprit n'est pas obnubilé ou fixé sur quoi que ce soit de particulier, l'expérience reste globale, spacieuse, notre champ de conscience est large et dégagé, ouvert sur l'environnement. Ce dégagement vient dans la mesure même où nous ne sommes pas pris, fascinés par les découvertes de l'attention. L'attention est lucidité, acuité de l'expérience ; quant au dégagement, l'ouverture d'esprit c'est la conscience dégagée. Ces deux aspects se révèlent pratiquement concomitants, ce sont deux facettes d'un même état d'esprit.

Vacance de la plénitude

Pratiquement, lorsque nous nous asseyons pour méditer, nous laissons notre esprit au repos dans cet état de lucidité ouverte, en relâchant toutes nos tensions. En nous laissant ainsi aller, nous découvrons un état de transparence, nous nous y abandonnons complètement, nous nous laissons en quelque sorte nous dissoudre ; bien que lucides, nous sommes alors absents. Dans cet abandon et cette absence, nous cessons de lutter avec nous-même, nous laissons tomber nos points de repères et nos références habituels ; nous "partons en vacance", nous lâchons prise, nous nous laissons partir. L'expression "en vacance" signifie ici que nous sommes vacants, vide de nous-même, nous ne sommes plus là pour répondre et réagir lorsque les pensées habituelles se présentent : il n'y a pas de répondeur. Dans cette qualité de vacance, d'absence, nous découvrons un état de présence véritable qui est plénitude.

C'est important de bien le comprendre : l'absence pourrait être entendue comme quelque chose de négatif. En fait, c'est en nous absentant de nos fixations habituelles, de nos projections et de nos conceptions, que nous nous rendons disponibles, pleinement présents à ce qui est là. D'ordinaire, nous sommes présents à nos préoccupations et nous sommes absents à ce qui est là. Nous faisons ici le contraire : nous nous absentons de nos préoccupations, et devenons, par là même, disponibles et présents à ce qui est là, de la façon la plus simple qui soit, en laissant être.

L'utilisation d'une technique : la respiration

Les qualités d'attention et de conscience dégagée se développent avec la respiration prise comme support de méditation. C'est une technique très simple, qui a l'avantage d'être neutre (sans implications conceptuelles) et d'être toujours à notre disposition.

Pratiquement, notre attention apprend d'abord à se désinvestir de ses objets de fixations habituelles pour s'absorber dans le souffle. C'est la présence à la respiration, et principalement à l'expiration. Elle permet de faire la transition entre l'attention habituelle fixée sur les objets extérieurs ou mentaux et l'attention pure, sans objet ni fixation, qui est concomitante avec la conscience, dégagée. Cette attention pure est abordée à la fin de chaque expiration dans un moment de pause pendant lequel l'esprit reste posé dans l'expérience d'espace, au repos.

La relation aux pensées

Lorsque nous pratiquons la méditation assise, nous sommes confrontés à toutes sortes de distractions sensorielles, mentales ou émotionnelles, les distractions ici ne sont pas l'apparition de sensations, de pensées ou d'émotions – ce qui est normal –, mais le fait de nous y investir, de nous fixer dessus, de vouloir les suivre ou les fuir. En nous y investissant, nous abandonnons l'état de présence lucide et ouverte de l'attention et de la conscience dégagée. Tirés hors de celui-ci, nous en sommes distraits. Nous sommes alors entraînés par leur flot, leur logique et leur enchaînement. Cet investissement et cet enchaînement sont une distraction.

Il faut d'abord accepter pensées et émotions "telles quelles, et sans plus". Généralement nous avons tendance ou bien à les refuser, les refouler en les jugeant inadéquates, négatives, comme des choses qui ne devraient pas être là ; ou bien à l'inverse, nous considérons certaines de ces pensées comme étant particulièrement intéressantes, alors sciemment ou inconsciemment, nous voulons connaître leur suite et nous les entretenons en les développant. L'attitude désengagée de l'attention lucide est ici de les reconnaître comme de simples phénomènes mentaux, de simples pensées. Il convient de reconnaître pensées et émotions comme de simples productions de notre esprit. En effet, pensées et émotions ne nous possèdent que dans la mesure où nous les possédons. Nous y réagissons proportionnellement à la réalité que nous leur attribuons. Lorsque nous les prenons pour réelles, nous sommes soit fascinés, séduits et essayons de les suivre, soit irrités et essayons de les expulser. En les reconnaissant ainsi comme de simples pensées, nous apprenons à les laisser venir, être et passer, sans fixation ni investissement, tout en restant dans l'état de conscience dégagée. Notre esprit pourrait être comparé au ciel, clair, ouvert et dégagé. Nous sommes l'espace, et les pensées sont comme des nuages qui s'y condensent et s'y dissolvent sans que rien ni personne n'interfère.

LA MÉDITATION DANS L'ACTION

Non-violence fondamentale

La méditation consiste d'abord à transposer dans le monde de la vie active l'attitude bienveillante, accueillante et non agressive déjà pratiquée vis-à-vis des pensées et des émotions dans la méditation assise. Cette attitude d'accueil des pensées, sans investissement électif, consistera, dans l'action, à accepter les situations telles qu'elles se présentent à nous. Habituellement, nous avons tendance à vouloir que les choses soient autrement que ce qu'elles sont, et si les situations ne se présentent pas comme nous l'aurions voulu, cela nous irrite et provoque en nous un état de refus et d'agressivité. C'est ainsi que nous en venons à être fâchés contre nos voisins, contre la société, contre nos parents, notre directeur, nos collègues de travail, ... et aussi envers nous-même. Dans la perspective de la méditation dans l'action, toutes les difficultés, les irritations et les problèmes que nous pouvons rencontrer dans les situations quotidiennes, sont autant d'appels à la pratique. Il ne s'agit pas de les fuir, mais de les vivre d'une façon juste. La méditation dans l'action nous propose une expérience non-violente, sans agressivité ni passion. Cette non-violence fondamentale est réaliste. Elle permet l'acceptation de la situation telle qu'elle est et nous rend capables de la vivre de façon juste et intelligente.

L'ouverture de la barrière dualiste

Dans cette ouverture, il devient possible d'accueillir "l'autre" sans le nier, ni vouloir le posséder.

L'agressivité et toutes les réactions passionnelles se développent sur la base de la dualité qui consiste à scinder constamment le monde en deux : moi et l'autre. Plus cette dualité se solidifie, plus ses pôles s'opposent, et plus les passions s'exacerbent.
Le cœur de la méditation dans l'action est le dépassement de ce dualisme par l'ouverture du moi – l'ego et son territoire – à l'autre, au monde. Nous avons tous ce territoire que nous défendons âprement. Nous essayons constamment d'y attirer ce que nous estimons désirable et agréable, et de rejeter au-delà de ses frontières tout ce que nous considérons désagréable. La pratique de la méditation nous apprend à dépasser l'attitude paranoïaque qui entretient un système de défense pour garder les frontières de l'ego défendant et protégeant son territoire.
Dans cette ouverture, le mur entre les deux blocs, "moi et l'autre", "moi et la situation", devient de plus en plus transparent. Le fossé de la dualité se réduit petit à petit. Il devient possible d'accueillir "l'autre" sans le nier, ni vouloir le posséder. Une relation beaucoup plus directe qui est de moins en moins dure et conflictuelle s'instaure.
Telle est la direction générale dans laquelle la méditation dans l'action se développe. Nous allons maintenant essayer de voir l'essentiel de sa pratique.

Le rappel

Les deux qualités de la méditation assise, attention et conscience dégagée, sont transposables au niveau de l'action. L'attention est la qualité de présence à la situation et la conscience dégagée, l'absence de fixation sur celle-ci. Nous sommes alors pleinement présents au cœur de l'action, dans une attitude ouverte et dégagée.

Cette expérience de présence attentive et dégagée qui a été découverte et stabilisée dans la méditation assise, est maintenant intégrée dans les situations de la vie active par "le rappel". Le rappel est la pratique régulière et constante du retour à cette expérience. Il se peut que, "pris" par le déroulement de l'action, nous perdions l'état de présence dégagée. Le rappel nous y ramène. C'est un moment d'ouverture, de lâcher prise, qui nous immerge pleinement dans la dynamique de la situation et nous permet de nous harmoniser avec elle. Puis, nous continuons jusqu'à ce qu'un autre rappel, nouvel instant de lucidité et d'ouverture, nous ramène à la présence dégagée et à son expérience immédiate, et ainsi de suite. La pratique se développe en pointillés, d'un rappel à un autre. Sa continuité s'établit progressivement par la succession des rappels qui, rares au début, deviennent de plus en plus fréquents et rapprochés.

Présence authentique et non-dualité

Nous avons déjà évoqué comment une présence authentique se révèle dans un certain état d'absence. Cette qualité de présence est celle de la méditation dans l'action.

Quand nous agissons, nous sommes souvent dans une absence négative : au lieu d'être présent dans la situation, notre esprit est ailleurs. Par exemple, nous épluchons une pomme de terre, mais au lieu de l'éplucher pleinement, en étant présent dans l'épluchage, nous sommes en train de faire nos comptes, ou de fantasmer. En ce sens, nous sommes absents à la situation présente. Cette absence négative est le contraire de l'attention, elle est pure distraction, l'obstacle majeur à la pratique de la méditation. La présence authentique n'est pas cette absence négative. Mais elle n'est pas non plus une présence à nous-mêmes, au sens où nous serions conscients de nous-même dans la situation. Il ne s'agit pas d'être l'observateur qui s'observe en train d'agir, en évaluant et jugeant la situation. Une telle attitude d'auto-observation accentue le clivage entre moi ici, là-bas la situation, et nous rend très maladroits. Cette sorte de présence à soi est la présence dans son sens négatif : c'est la présence de l'ego. La présence véritable n'est pas la présence de l'observateur. C'est une présence totale dans laquelle il n'y a plus personne pour posséder et observer l'expérience. Cette plénitude est une relation directe qui ne nécessite pas de manipulation conceptuelle.

Dans cette présence authentique, plutôt que de développer une conscience aiguë de son identité et de sa place, l'observateur s'absente, il est abstrait et transparent. La véritable présence est l'absence de nous-même. Dans cette absence se révèle la présence immédiate. C'est l'expérience directe et immédiate de la situation. Cette immédiateté se trouve être la perfection de l'action spontanée. Telle est l'approche de la non-dualité.

L'observateur abstrait

L'observateur abstrait est l'approche pratique de cette présence non duelle. D'ordinaire, nous sommes un observateur que l'on pourrait qualifier de concret, c'est-à-dire qui s'implique concrètement dans les situations en les jugeant et les évaluant, ce qui par là-même, solidifie l'expérience. L'observateur abstrait, lui, voit les choses simplement, nûment, sans implication conceptuelle. Il combine l'attention et la conscience dégagée : l'attention est la qualité d'observation, celle d'un regard nu, qui "juste voit", dépouillé de tout a priori conceptuel. La conscience dégagée est la qualité d'abstraction. Elle permet le dégagement de la "simple observation" libre de fixation.

Le rappel de l'observateur abstrait est la clé de la méditation dans l'action, par le rappel, tel que nous en avons déjà parlé. Sa pratique est au début un va et vient entre l'observateur concret, celui que nous sommes la plupart du temps, et l'état d'observateur abstrait. Puis, petit à petit, l'observateur abstrait devient de plus en plus fréquent et se substitue progressivement à l'observateur concret. L'observateur et son monde sont alors de moins en moins concrets et solides, ils acquièrent une qualité de transparence. La qualité d'abstraction se développe jusqu'à ce que l'observateur abstrait soit finalement l'état dans lequel il a été fait abstraction de l'observateur, l'état non-duel sans observateur. Ce rappel de l'observateur abstrait, pratiqué en chaque situation, fait de la pratique de la méditation une expérience constante vingt-quatre heures sur vingt-quatre.

L'observateur abstrait combine l'attention et la conscience dégagée. Le rappel de l'observateur abstrait est la clé de la méditation dans l'action.

Dans cette perspective, la vie quotidienne est méditation. Il faut se libérer de l'attitude qui conçoit la méditation comme dépendante de conditions particulières. La méditation est fondamentalement une qualité d'être et d'expérience immédiate de l'instant présent.

La pratique méditative est un travail avec le quotidien tel qu'il est. Elle nous permet de faire l'expérience ouverte de chaque événement. Si nous les abordons très simplement, leurs problèmes ne sont pas particulièrement épineux. L'attitude méditative consiste à traiter toutes les situations directement, simplement, au-delà de toutes les complications que l'on a tendance à leur surimposer. Cette attitude directe et simple est profondément intrépide : elle nous demande d'aller au-delà de nos peurs, de dépasser nos réticences, nos inhibitions, nos blocages, nos défenses, ainsi que tous nos a priori et préconceptions. Notre recherche habituelle de domination ou de sécurisation vient d'un manque de confiance, d'une peur d'être submergés par la situation, de ne plus être capable de la traiter convenablement. La relation directe est intrépide car elle nous fait plonger complètement dans la situation au point de ne plus faire qu'un avec elle. C'est à ce point que nous découvrons la possibilité d'une réponse immédiate et spontanée.

Précision, douceur et lâcher prise

Pema Chödron

Entrer en amitié avec soi-même

©DR

Loin d'être floue et imprécise, la méditation est à la fois détente clarté et précision.
Une expérience d'accueil, de chaleur et de douceur.

La précision

La technique consiste, en premier lieu, à adopter une bonne posture et, en second lieu, à porter votre attention sur l'expiration. Il s'agit simplement de votre expiration ordinaire, ni trafiquée ni régulée en aucune façon. Soyez présent au souffle qui sort, sentez-en la sortie, touchez-le. Bon, cela paraît simple, mais être présent à cette respiration et l'être à chacune d'elles demande beaucoup de précision. Lorsque l'on s'assoit pour commencer à méditer, toujours revenir à cette respiration fait ressortir la précision, la clarté et l'exactitude de notre esprit. Rien que le fait de toujours y revenir et d'essayer, avec douceur, d'être aussi pleinement que possible présent au souffle aiguise notre esprit.

La troisième partie de la technique consiste à se dire : "Pensée", quand on se surprend en train de penser. Bon, cela demande également beaucoup de précision. Même si on se réveille, comme après un rêve, et qu'on se rende compte qu'on était en train de penser et qu'on revienne au souffle en oubliant, par hasard, l'étiquetage, on devrait alors marquer une toute petite pause et se dire : "Pensée." Utilisez l'étiquette, car elle est tellement précise. Reconnaissez simplement que vous étiez

Etre avec l'expiration cultive la précision de son esprit, et étiqueter la met aussi en évidence.

en train de penser, rien que cela, ni plus ni moins, rien que "pensée". Etre avec l'expiration cultive la précision de son esprit et étiqueter la met aussi en évidence ; notre esprit devient plus clair et se stabilise ; pendant que vous vous asseyez en méditation, il ne serait pas mauvais d'en être conscient.

La douceur

Si nous ne mettions l'accent que sur la précision, notre méditation pourrait devenir assez dure et militante. Elle pourrait avoir tendance à être trop dirigée vers un but. Nous insistons donc aussi sur la douceur. Il est très utile de cultiver une sensation de détente lorsqu'on pratique la méditation. Je pense que, au fur et à mesure que l'on devient plus attentif, conscient et éveillé, on commence à remarquer que son ventre a tendance à être très crispé et ses épaules très tendues. C'est une aide considérable que de s'en apercevoir et de détendre volontairement son ventre, ses épaules et son cou. Si vous avez des difficultés à vous détendre, contentez-vous de vous y appliquer petit à petit, avec douceur et patience.

Quand le souffle sort, non seulement il fait mûrir la précision de notre esprit, mais il met aussi en évidence cette qualité de douceur, cette qualité de cœur ou chaleur et cette bienveillance, parce que l'attention portée au souffle est très douce. Si l'on pratiquait une technique qui dise : "Concentrez-vous sur l'expiration, portez cent pour cent de votre attention sur l'expiration", (et il existe de telles techniques qui sont très bénéfiques), alors on cultiverait la précision mais non la douceur. Comme cette technique fait mûrir non seulement la précision mais aussi la douceur, l'instruction propose de porter seulement vingt-cinq pour cent de l'attention sur l'expiration, ce qui est vraiment très peu. La vérité dans tout ça, c'est que si l'on se concentre sur l'expiration et seulement sur elle, on n'est conscient ni de la personne assise à côté de soi, ni des lumières qui s'allument s'éteignent, ni du bruit de l'océan. Cependant, comme, dans cette technique, nous gardons les yeux ouverts, que notre regard n'est pas fixe et que l'essentiel de la pratique est l'ouverture, même si l'on est conscient de l'expiration, on ne bloque pas pour autant tout ce qui se produit d'autre. Ainsi, seulement vingt-cinq pour cent de l'attention est porté sur l'expiration. Pour le reste, l'attention est plus diffuse : c'est simplement le fait qu'on est en vie dans cette salle, avec tout ce qui s'y passe. C'est pourquoi nous donnons l'instruction : "Soyez conscient de votre expiration, suivez votre expiration", et c'est ce que nous faisons. Mais l'instruction de ne porter que vingt-cinq pour cent de l'attention sur le souffle met en évidence l'idée qu'il ne s'agit pas d'une pratique de concentration - il y a un très léger contact avec le souffle qui sort. Touchez le souffle et détachez-vous en. Ce toucher est à la fois précision et douceur. Touchez-le très doucement et laissez-le passer.

Dans cette technique, nous gardons les yeux ouverts, notre regard n'est pas fixe et l'essentiel de la pratique est l'ouverture.

Si l'objet de méditation était quelque chose de concret, quelque chose de solide que l'on puisse saisir - une image, une statue, un point sur le sol ou une bougie -, notre méditation serait beaucoup plus un exercice de concentration. Mais le souffle est insaisissable ; même si on voulait lui consacrer cent pour cent de son attention, ce serait difficile parce qu'il est tellement éphémère, léger, impalpable et spacieux. Comme objet de méditation il donne un sentiment de légèreté et de douceur. C'est comme être attentif à une brise légère, mais ici il s'agit de notre expiration ordinaire et naturelle. On dit de cette technique qui utilise le souffle qu'elle est sans but. On ne la fait pas pour accomplir autre chose qu'être pleinement présent. Etre pleinement présent n'est pas quelque chose qui se produit une fois pour toutes ; c'est être éveillé au flux et au reflux, au mouvement et à la création de la vie, être sensible au processus de la vie elle-même. Il y a aussi une douceur là. Il ne serait pas très doux d'être censé poursuivre un but comme "pas de pensées". On devrait beaucoup lutter pour se débarrasser de toutes ces pensées, de toute façon, on ne pourrait probablement pas y arriver. Le fait qu'il n'y ait pas de but augmente encore la douceur.

L'instant où l'on étiquette ses pensées "pensée" est probablement le point crucial de cette technique où l'on cultive douceur, sympathie et bienveillance. Rimpotché avait l'habitude de dire : "Remarquez le ton de votre voix lorsque vous dites : 'Pensée'." Il se pourrait qu'il soit vraiment dur, mais en fait c'est seulement un euphémisme pour : "Sapristi ! tu étais encore en train de penser, bon sang de Dieu, espèce de crétin." Vous pourriez vouloir vraiment dire "Imbécile, méditant lamentable, tu n'as aucun espoir d'y arriver." Mais il ne s'agit pas du tout de cela. Tout ce qui est arrivé c'est que vous l'avez remarqué. Excellent, vous l'avez vraiment remarqué ! Vous avez observé que l'esprit n'arrête pas de penser et c'est merveilleux que vous l'ayez vu. L'ayant vu, laissez partir vos pensées. Dites : "Pensée." Si vous remarquez que vous êtes dur, dites-le à nouveau uniquement pour cultiver l'impression que vous pourriez vous le dire avec douceur et bienveillance, en d'autres termes que, dans votre vie, vous vous efforcez de ne pas porter de jugements. Vous ne vous critiquez pas, vous voyez seulement ce qui est avec précision et douceur et vous voyez le fait de penser comme fait de penser. C'est ainsi que cette technique cultive la précision, mais aussi la douceur et un sentiment de chaleur envers soi-même. L'honnêteté de la précision et la bonté que renferme cette douceur sont caractéristiques du lien d'amitié créé avec soi-même. Aussi, pendant cette période, tout en étant aussi précis que vous le pouvez, insistez sur la douceur. Si vous sentez votre corps se tendre, détendez-le. Si vous sentez votre esprit se tendre, détendez-le. Sentez l'expansion de votre souffle dans l'espace. Quand des pensées émergent, touchez-les très légèrement, comme une plume qui effleure une bulle. Laissez tout cela être doux et tendre, mais en même temps précis.

Le lâcher prise

Le troisième aspect de la technique est l'ouverture ou le lâcher prise. Cette technique, qui semble simple, nous aide à redécouvrir la capacité que nous possédons déjà de nous ouvrir au-delà de notre étroitesse d'esprit et d'abandonner toutes sortes de fixations ou de vues bornées. La précision et la douceur sont, en quelque sorte, tangibles. On peut faire un effort pour être plus précis avec le souffle ou l'étiquetage. On peut détendre son ventre, ses épaules, son corps et on peut être plus doux avec l'expiration et plus aimable quand on étiquette les pensées. Mais il n'est pas tellement facile de lâcher prise : c'est plutôt le résultat du travail de la précision et de la douceur. Autrement dit, la capacité de lâcher prise semble apparaître lorsqu'on s'applique à suivre avec fidélité la technique, à être aussi précis et en même temps aussi bienveillant que possible. La découverte de sa capacité de lâcher prise émerge spontanément ; on ne la force pas. On ne devrait forcer ni la précision ni la douceur ; et même si on pouvait se donner comme programme de pratiquer la douceur ou la précision, il est difficile de faire du lâcher prise un projet. Quoi qu'il en soit, je vais décrire comment la technique nous amène à cette redécouverte de la capacité de lâcher prise et de s'ouvrir.

La capacité de lâcher prise semble apparaître lorsqu'on s'applique à suivre avec fidélité la technique, à être aussi précis et en même temps aussi bienveillant que possible.

Peut-être vous êtes-vous demandé pourquoi nous prêtons attention à l'expiration et seulement à elle ? Pourquoi ne prêtons-nous pas attention à l'expiration et à l'inspiration ? Il existe d'autres techniques, excellentes qui enseignent au méditant à être attentif à l'expiration et à l'inspiration. Sans doute aiguisent-elles l'esprit et font-elles croître le sentiment d'une attention ponctuelle, continue et sans interruption. Mais, dans cette technique de méditation, nous suivons l'expiration ; il n'y a pas d'instruction particulière sur ce qu'il faut faire jusqu'à l'expiration suivante. La capacité de lâcher prise et de s'ouvrir à la fin de l'expiration est inhérente à cette technique car, pour un instant, il n'y a vraiment pas d'instruction sur ce qu'on doit faire. Il peut se produire, à la fin de l'expiration, ce que Rimpotché appelait une "brèche" : on a conscience du souffle qui sort, puis il y a une pause pendant l'inspiration. C'est comme si l'on... faisait un arrêt. Dire : "Ne prêtez pas attention à l'inspiration" ne vous aiderait pas du tout - ce serait comme dire : "Ne pensez pas à un éléphant rose." Quand on vous dit de ne pas prêter attention à quelque chose, cela en devient une obsession. Néanmoins, l'attention se porte sur l'expiration et c'est comme si l'on attendait seulement l'expiration, sans autre but. On peut simplement lâcher prise à la fin de l'expiration. Le souffle sort et se dissout et peut faire place à un certain sentiment de lâcher complètement prise. Rien à quoi s'accrocher jusqu'à l'expiration suivante.

Même si c'est difficile à faire, lorsqu'on commence à porter attention à l'expiration, puis à la pause, on attend, c'est tout, avant de prêter attention à l'expiration suivante, et le sentiment d'être capable de lâcher prise se met alors à naître peu à peu. N'en attendez donc pas monts et merveilles mais, simplement, appliquez la

On se dit "pensée" et, en le disant, fondamentalement, on choisit de laisser tomber ces pensées : on ne les refoule pas, mais on les reconnaît avec beaucoup de clarté et de douceur comme du "pensée", pour ensuite les abandonner.

technique. Au fil des mois et des années la façon dont vous voyez le monde commencera à changer. Vous apprendrez ce qu'est le lâcher prise et l'ouverture au-delà des croyances bornées et des préconceptions sur le monde. Avec le temps, l'expérience qui consiste à étiqueter ses pensées "pensée" devient aussi beaucoup plus claire. On peut être complètement plongé dans une rêverie, dans une remémoration du passé ou faire des projets d'avenir, totalement absorbé, comme si on avait pris place dans un avion qui s'est envolé. On est ailleurs, on est avec d'autres personnes, on a redécoré une pièce ou bien on a revécu des événements, agréables ou non, ou bien on s'inquiète énormément de quelque chose qui pourrait arriver, ou encore on retire une grande jouissance en pensant à quelque chose qui pourrait se produire, mais on y est immergé tout entier, comme si on était dans un rêve. Puis, soudain, on s'en rend compte et on revient, un point c'est tout. C'est automatique. On se dit "pensée" et, en le disant, fondamentalement, on choisit de laisser tomber ces pensées : on ne les refoule pas, mais on les reconnaît avec beaucoup de clarté et de douceur comme du "pensée", pour ensuite les abandonner.

Quand on commence à se familiariser avec ce processus, on acquiert une puissance incroyable : voir que l'on peut être complètement obsédé par l'espoir, la peur et toutes sortes d'autres pensées, se rendre compte de ce que l'on fait - sans le critiquer -, et que l'on peut abandonner ces pensées. C'est probablement l'un des outils les plus stupéfiants qu'on puisse recevoir, cette capacité de simplement renoncer aux choses, sans être pris dans l'étreinte de ses propres pensées de colère, de passion, d'inquiétude ou de dépression.

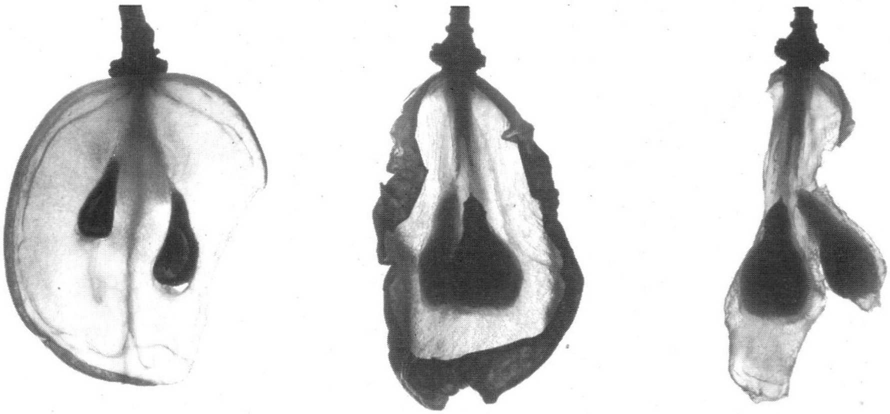

© Patricia Schwoerer

Jeremy Hayward

Lettres à une jeune fille
sur l'enchantement du monde
© Ed. Robert Laffont

C'est parfois très ennuyeux de méditer

Voici un témoignage vivant, concret et plein d'humour sur l'intégration de la méditation dans la vie quotidienne. Loin d'être un exotisme, la méditation est la source d'une véritable éducation, pour peu qu'on en applique le rappel chaque jour, sur le coussin.

Chère Vanessa, ce matin je me suis levé à l'aube pour faire ma méditation silencieuse avant de prendre mon petit déjeuner, comme tous les jours depuis le début de cette retraite. Je m'assieds, jambes croisées, les mains posées sur les cuisses, le dos bien droit et la poitrine détendue. Je garde les yeux ouverts.

Je respire tranquillement et porte mon attention sur le contact de mon corps avec le coussin. Je sens mon cœur qui bat au centre de ma poitrine et le sang circule dans tout mon corps. Je goûte la solidité, la qualité terrienne de mon corps. Ensuite, la méditation consiste simplement à accueillir toute pensée, toute émotion qui survient et de la laisser partir où elle veut. Je m'efforce d'être direct et honnête avec moi-même, de ne pas fuir les pensées qui me dérangent, de ne pas retenir les émotions qui me font plaisir. Je les laisse venir, mais sans les encourager inutilement, je les laisse partir sans intervenir.

Quand mon attention s'égare, quand je me surprends à réfléchir, je ramène doucement mon attention vers ma respiration. Je reste attentif à l'expiration, et je sens l'air sortir de mon corps. Je m'ancre alors dans le présent. Le ballet des idées et des émotions peut maintenant reprendre.

C'est parfois très ennuyeux de méditer – j'ai l'impression de ressasser toujours les mêmes idées inutilement. D'autres fois, c'est douloureux parce que certaines idées ou émotions enfouies dans ma mémoire remontent à la surface. Ou, encore, je suis complètement excité par une idée formidable qui me vient à l'esprit. J'ai le cerveau en ébullition et je ne pense qu'à me lever pour prendre des notes. Mais certaines fois c'est extrêmement joyeux. Je me sens totalement présent dans mon corps et cela m'éclaircit l'esprit.
La plupart du temps, j'ai l'impression que mon corps, mon esprit et mes émotions courent dans des directions différentes – mon esprit est préoccupé par la journée à venir, mon corps dort encore et mes émotions tendent vers quelque chose qui me manque (une bonne douche, par exemple). Mais, dans ces moments, tout se met en place et fonctionne ensemble. Alors je me sens entier, complet. Je me dis que c'est sans doute cela, être un homme : un corps, un esprit et des émotions bien accordés qui jouent harmonieusement comme les cordes d'une guitare.
Mais peu importe si je m'ennuie, m'impatiente ou suis joyeux, l'essentiel est que je médite quotidiennement. J'estime indispensable de m'autoriser cette pause, cette plongée en moi-même qui me permet de me connaître intimement.

Imagine un naturaliste qui passerait des jours et des jours à observer un groupe de marmottes dans un coin de montagne. A force de les voir courir, jouer, entrer et sortir de leurs terriers, il les connaîtrait si bien qu'il n'aurait plus l'impression d'être un observateur extérieur. Il finirait par trouver un sens à tous leurs déplacements et à éprouver des sentiments particuliers pour chaque membre du groupe.
La méditation permet de s'identifier avec ses processus mentaux au point de ne plus se sentir séparé, observateur de son propre esprit. On perçoit alors directement la nature de ses pensées, de ses émotions et de tout le processus de la perception. Evidemment, c'est plus facile à dire qu'à faire ! Nous sommes habitués à notre mode de perception illusoire et nous préférons ignorer notre iden-

Cette conscience nouvelle peut ressembler à une brèche dans notre activité mentale, notre bavardage intérieur - un éclair de fraîcheur.

tité. Mais nous pouvons y parvenir si nous le souhaitons vraiment.
Dans la pratique de l'attention vigilante, il y a deux composantes qui correspondent à deux modes de fonctionnement de notre esprit : se concentrer sur une activité ou une idée et avoir une conscience large du moment présent. L'aspect "attention" consiste à s'identifier avec les pensées, émotions et sensations physiques du moment, de manière à se fondre si intimement avec elles qu'il n'y a plus de séparation entre observateur et chose observée. Il ne s'agit pas d'être témoin de ce que nous faisons mais simplement d'être ce que nous faisons, pensons et ressentons, jusque dans les moindres détails.

L'attention peut se poursuivre quand la méditation est terminée, et si nous restons entièrement présent à ce que nous faisons ; planter une fleur, essuyer un verre, laver sa voiture, programmer un ordinateur, n'importe quoi - être vigilant à chaque détail.

La vigilance dépend de l'attention. Quand tu es présente, une ouverture, une perspective plus vaste de ta vie peut t'apparaître. Tu te sens curieuse de ce qui se passe autour de toi, tu as l'esprit léger, alerte. Cette vigilance te permet de voir que tes pensées, tes émotions et tes perceptions ne sont pas des "choses" épaisses mais simplement des ondes d'énergie.

Cette conscience nouvelle peut ressembler à une brèche dans notre activité mentale, notre bavardage intérieur - un éclair de fraîcheur. On ne connaît pas son origine, on ne peut pas la retenir ni la recréer artificiellement. Elle se manifeste par la vision nouvelle d'une fleur ou d'un visage, par un trait d'humour au milieu d'une colère.

"Attention" et "vigilance" sont des attitudes simples que nous adoptons naturellement, à chaque instant de notre vie et à des degrés divers. Mais elles sont généralement trop éparses, trop peu conscientes pour pouvoir servir d'outils de connaissance. Chacun les utilise instinctivement.

L'attention, par exemple. A l'école, quand un cours t'ennuie, tu essaies d'être attentive, mais ton esprit s'évade régulièrement. Même quand on a envie d'apprendre quelque chose, il est souvent difficile de rester concentré.

Quant à la vigilance, c'est elle qui te permet d'être, même inconsciemment, consciente de tout ce que tu vois, entends, sens, etc., à un moment donné. Prends, par exemple, un musicien d'orchestre. Il doit simultanément suivre sa propre partition et rester vigilant face aux autres musiciens et au chef d'orchestre. Ou bien, quand tu fais la cuisine - pas des macaronis au fromage, comme d'habitude -, disons que tu prépares un repas de Noël. Pendant que tu coupes des carottes avec un couteau bien aiguisé, tu dois faire attention à ne pas te couper les doigts, mais, en même temps, tu sais que ta sauce commence à frémir, qu'il va falloir déboucher les bouteilles de vin et mettre le gâteau au four. Tu es donc concentrée sur ce que tu fais tout en restant vigilante par rapport à l'ensemble de ton dîner.

La capacité de rassembler inlassablement et volontairement son attention chaque fois qu'elle se disperse est à la racine même du jugement, du caractère et de la volonté. Une éducation qui développerait cette capacité serait l'éducation par excellence.

Vois-tu, Vanessa, la méditation est souvent considérée - par les gens qui ne l'ont jamais pratiquée - comme une fantaisie exotique, une technique new age ou une vaine contemplation de son nombril. Mais ce mépris n'exprime finalement que la peur de découvrir qui nous sommes réellement.
Quoi qu'il en soit, la méditation n'a rien d'exotique. William James, grand psychologue américain du début du siècle, a écrit : "La capacité de rassembler inlassablement et volontairement son attention chaque fois qu'elle se disperse est à la racine même du jugement, du caractère et de la volonté. Une éducation qui développerait cette capacité serait l'éducation par excellence. Mais il est plus facile de définir cet idéal que de donner des instructions pratiques sur la façon de l'atteindre."
Vois-tu, Vanessa, les instructions que je viens de te donner sont pratiques et efficaces. On peut seulement déplorer que la conception actuelle de l'esprit nous ait fait oublier qu'on peut l'entraîner volontairement. Est-ce qu'on t'en a parlé à l'école ? Certainement pas ! Je trouve ça pathétique.
Car une pratique comme celle de la méditation silencieuse, attentive, vigilante, est essentielle si nous voulons connaître ce qui se passe en nous, savoir qui nous sommes. C'est une technique indispensable pour dépasser le conditionnement qui nous empêche de vivre notre monde quotidien comme il est, magique et sacré.

Suio Genro 1785
Zen and the art of calligraphy

Rien que de la pensée

Chögyam Trungpa

Causerie au dathune

Extrait d'une causerie (The Dathune letter) donnée par le Vidyadhara Chögyam Trungpa Rimpotché aux pratiquants d'un dathune (mois de méditation), ce texte est une introduction à la pratique de Shamatha.

Croyez bien que je considère à sa juste valeur votre participation à cette discipline particulière : nous pouvons ainsi partager ce monde à la manière des grands maîtres de la lignée. On ne peut même pas dire que nous appliquons d'anciennes méthodes à un monde nouveau mais que nous menons nos vies pleinement. Le Bouddha a recommandé particulièrement le style de méditation Shamatha. Depuis deux mille cinq cents ans, on le considère comme la seule voie pour les pratiquants débutants.

Pour commencer, nous pourrions parler de l'attitude qui peut donner naissance à l'attention. Cette attitude n'est pas particulièrement une question d'opiniâtreté. Ce dont il s'agit dans ce contexte, c'est d'une présence d'esprit et c'est de cela qu'on

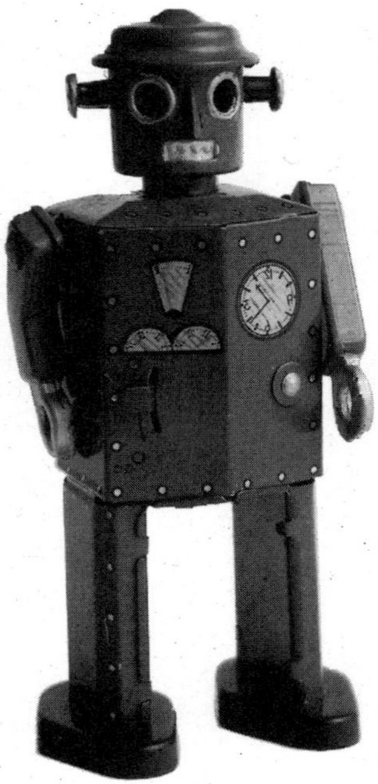

parle avec le terme “attention”. La présence d’esprit signifie que vous êtes conscient, que votre esprit est conscient de vous-même. En d’autres termes, la clé, c’est d’être conscient d’être conscient. Ce qu’on veut dire par là, c’est que vous n’êtes pas une machine, vous êtes une personne particulière en relation avec ce qui se passe autour de vous. L’“attention”, dans ce cas particulier, est le sens d’“être”.

Vous n’êtes pas une machine, vous êtes une personne particulière en relation avec ce qui se passe autour de vous.

On pourrait parler de toucher-et-lâcher. Vous êtes en contact, vous effleurez l’expérience d’être là, d’être vraiment là, puis vous lâchez prise. Cela s’applique à la prise de conscience de votre respiration, tout comme à vos activités quotidiennes. Ce qu’il y a dans cet effleurement, c’est l’idée de sentir. L’idée de toucher, c’est le sentiment d’exister, d’être qui vous êtes.

Lorsque vous méditez sur votre coussin, vous sentez que vous êtes assis sur un coussin et que vous existez vraiment. Vous n’avez pas spécialement besoin d’être encouragé pour développer ce genre d’attitude. Vous êtes là, vous êtes assis ; vous êtes là, vous êtes assis. Ça c’est l’aspect “toucher”. Et l’aspect “lâcher”, c’est que vous êtes là et que vous ne vous y accrochez pas. Vous ne maintenez pas votre sens d’être, vous le laissez aller lui aussi. Toucher-et-lâcher. Il y a un sentiment d’individualité, d’être une personne. Nous sommes vraiment ici, nous existons vraiment.

On peut se demander ce qui arrive à partir de là. Et la non-existence, et l’absence de moi dont le bouddhisme parle tant ? Et le problème actuel du matérialisme spirituel ? Que va-t-il se passer si nous faisons cela ? Est-ce qu’on ne va pas s’égarer, tomber dans un piège ? C’est bien possible. Mais peut-être que non. Il n’y a aucune garantie, puisqu’il n’y a personne pour le garantir. Cependant, vous pouvez faire simplement cela. Et je vous recommande de ne pas vous inquiéter de votre sécurité à venir, mais de simplement faire cela, directement, simplement. Le reste, c’est l’affaire de la sangha et du gourou. Il y a quelqu’un qui va s’occuper de vos affaires, quelqu’un d’inébranlable. Vous ne pouvez pas vous débarrasser d’eux. Il n’y a rien d’autre à faire. Vous vous êtes engagé, vous êtes dedans, ça veut dire que vous avez déjà demandé à quelqu’un de s’occuper de vos affaires de toute façon. Et c’est ce qui se passe, ou ce qui pourrait se passer. Donc, ne vous en faites pas trop pour cette sorte de sécurité. Appliquons le toucher-et-lâcher.

Le “toucher” ne s’applique pas seulement à la conscience d’être ou à l’attention apportée au sens d’être, mais également à l’attention apportée aux situations. C’est-à-dire qu’il faut reconnaître notre état mental présent, qu’il s’agisse d’agressivité ou de désir. Il ne faut pas seulement les reconnaître, puis les repousser, il faut aussi les regarder en face. C’est très important. Il ne s’agit pas de les réprimer ou de se dérober. Disons que vous êtes dans un état d’extrême agressivité ou de colère, ou encore de désir intense, peu importe. Il ne s’agit pas de dire simplement : “Bon, correct, c’est la situation présente”, ou encore, très poliment : “Ah, salut, c’est chouette de te voir, ça va bien ? Bon, eh bien, je te quitte, il faut que je retourne à ma respiration”. Ça, ça a tout l’air d’une rencontre avec un vieil ami qui vous rappelle le passé et à qui vous dites : “Eh bien, excuse-moi, mais il faut que j’attrape le train si je veux être à mon rendez-vous”. On se monte un peu un bateau.

Vous êtes en contact, vous effleurez l’expérience d’être là, d’être vraiment là, puis vous lâchez prise.

Donc, dans la pratique Shamatha, on ne se dit pas simplement : “Bon, on n’en parle plus”. Vous prenez acte de ce qui arrive, mais ensuite vous le regardez en face aussi. Il ne s’agit pas de se faciliter la tâche et d’échapper aux moments embarrassants et déplaisants, aux moments gênants de notre vie. Ces pensées peuvent être des souvenirs, ou l’expérience pénible du présent, ou des perspectives d’avenir douloureuses, ou peut-être ce que vous allez faire tout de suite après. Toutes ces choses arrivent et vous en faites l’expérience, et vous les regardez en face, et ensuite vous revenez à votre respiration. C’est très important, extrêmement important.

Il est aussi possible de distordre cette logique. Si vous avez l’impression que vous asseoir et méditer et revenir à votre respiration est une façon d’éviter les problèmes, alors ça ne va pas. Il se peut que vous ayez le sentiment que votre pratique est approuvée par le bouddha puisque vous appliquez la technique qu’il a recommandée. C’est donc une pratique très orthodoxe, très bonne, intelligente et réelle, et vous n’avez donc pas besoin de vous préoccuper de toutes ces petites choses embarrassantes qui se produisent autour de votre vie. Vous pouvez les considérer comme négligeables et simplement revenir à votre respiration. C'est alors que vous faites du rapiéçage ; vous mettez vos problèmes à l'abri et vous les gardez comme des bijoux de famille. Il est donc très important de regarder en face ces petits embarras et de revenir ensuite à la respiration. Cela ne veut pas dire du tout que les regarder en face se traduira par une expression de liberté ou que vous allez pouvoir passer à autre chose et y échapper, et qu'enfin l'histoire finit.

En fait, pour la plupart, les problèmes de la vie ne viennent pas tant du fait que vous êtes quelqu'un d'agressif ou de sensuel. Le problème le plus grave, c'est que vous voulez mettre les choses sous clé et ranger ça, de sorte que vous êtes passé maître en duperie. C'est l'un des problèmes les plus graves. La pratique de la méditation est censée dévoiler les tentatives d'approche subtile, sophistiquée et trompeuse. Elle a pour fonction de dévoiler ces rapiéçages. C'en est le fondement, et il est très important de le comprendre et d'y travailler.

La pratique de la méditation est censée dévoiler les tentatives d'approche subtile, sophistiquée et trompeuse. Elle a pour fonction de dévoiler ces rapiéçages.

Je pense qu'en ce qui concerne la pratique de la méditation assise, il faut faire appel à une sorte de rigidité, à une discipline stricte. Votre posture doit être correcte. Il est toujours recommandé de s'asseoir les jambes croisées, plutôt que de se laisser aller dans une posture qui nous convient. Vous pouvez dire : "Supposons que je m'allonge, pas parce qu'il s'agit d'une règle rigide, mais d'une question de caractère pratique". Si vous vous asseyez pour méditer, vous le faites correctement. Votre dos est droit, et vous n'appliquez pas de tension à votre respiration ni à votre cou. Donc, adoptez la posture assise, bien droite, les jambes croisées. Vous pouvez bouger et rétablir votre posture. Il n'est pas question de vous punir vous-même et d'essayer de vous raidir en permanence. Mais quand vous êtes assis, vous l'êtes correctement, de sorte qu'il n'y a pas de tension dans la respiration. Si vous êtes assis correctement, vous êtes vraiment là. Votre respiration suit naturellement.

C'est là la différence entre les hommes et les animaux. Les animaux se relaxent à l'horizontale. Les chevaux peuvent dormir ainsi. Ils pourraient même méditer ainsi si on leur apprenait. Les serpents et les lézards et les chevaux et les vaches pourraient méditer à l'horizontale. Mais en ce qui concerne les êtres humains, nous ne marchons plus à quatre pattes à l'étape présente de notre évolution. Impossible de retourner en arrière ; donc il faut bien marcher sur nos deux pieds. La posture verticale est la nôtre, y compris quand nous sommes assis. Donc, puisque nous sommes formés ainsi, nous devons le faire de cette façon. Le Bouddha a donné l'exemple. Le Bouddha, pour les êtres humains, est assis droit dans la posture de méditation. Il ne s'agit pas d'une perspective anthropocentriste, dans le sens que les êtres humains seraient des êtres supérieurs. Il s'agit plutôt de considérer comment nous sommes faits et de nous conformer à notre constitution. Donc, la posture, c'est important. Posture verticale, par opposition au style des animaux, pas de tension dans le cou. Très simplement, asseyez-vous bien droits.

J'ai remarqué que lorsque les gens s'intéressent à ce qui se passe dans un film, ils se tiennent très bien, très droits. Et si le film est plutôt plat et ennuyeux, les gens commencent à s'occuper de toutes sortes de choses. Mais d'abord, ils se tiennent très bien. C'est un exemple pour nous. C'est en train d'arriver, c'est votre vie, vous êtes bien droit et vous respirez. C'est très personnel et très direct. Vous êtes assis et vous êtes assis bien droit et vous regardez devant vous, ni par terre, ni en l'air, devant vous, directement. La posture est très importante, extrêmement importante dans ce cas.

Pour ce qui est de l'attitude à adopter à l'égard de la respiration, une fois que vous êtes bien assis dans la posture appropriée, ce qui se passe c'est simplement la respiration qui sort de vous. C'est la façon Shamatha d'entrer en relation avec ce qui est : devenir la respiration qui sort de vous. Essayez de vous identifier complètement à elle plutôt que de l'observer. C'est juste ça, vous êtes la respiration ; la respiration, c'est vous. Le souffle passe par les narines, sort et se dissout dans l'air, dans l'espace. Il vous faut utiliser une certaine énergie, un certain effort pour faire cela. Ensuite, l'inspiration : est-ce qu'on doit essayer d'inspirer l'air et de délibérément aspirer les choses ?

Ce n'est pas très recommandé. Simplement, boycottez votre

Une fois que vous êtes bien assis dans la posture appropriée, ce qui se passe c'est simplement la respiration qui sort de vous. C'est la façon Shamatha d'entrer en relation avec ce qui est : devenir la respiration qui sort de vous.

respiration, boycottez votre concentration sur la respiration. Lorsque votre souffle sort, laissez-le se dissoudre, abandonnez-le, boycottez-le. L'inspiration, ce n'est que de l'espace. Physiquement, biologiquement, on inspire de l'air, bien sûr, mais ce n'est pas bien important.

Puis la respiration sort de nouveau – soyez avec elle. Donc, ça donne : expiration, dissolution, espace ; expiration, dissolution, espace. Ouverture constante, trou, abandon : boycottez ce qui en vous voudrait suivre. Boycotter, dans ce cas, est une expression très importante. Si vous vous accrochez à votre respiration, vous vous accrochez à vous-même tout le temps. Lorsque vous commencez à boycotter la fin de l'expiration, le monde n'existe plus. Sauf que l'expiration suivante vous rappelle que vous devez vous identifier à elle à nouveau. Donc, il y a branchement, puis dissolution, branchement, dissolution, branchement, dissolution.

Les pensées naissent au beau milieu de cette pratique. "En ce moment, y a mes amis qui ...", "Comment vais je faire ma calligraphie ?", "Comment puis-je composer un autre article ?", "Que se passe-t-il sur la scène financière de Karma Dzong ?", "Je déteste ce type, il a été terrible avec moi", "J'adorerais faire l'amour, si au moins elle était là", et "Que se passe-t-il entre mes parents ?" Toutes sortes de pensées naissent naturellement. Si vous avez beaucoup de temps pour méditer, un nombre incalculable de pensées se produisent sans arrêt.

La façon d'aborder ça, c'est justement de ne pas l'aborder. Lorsque je sens une douleur dans le cou, je pense : "douleur dans le cou". Ramenez tout au processus des pensées plutôt qu'au niveau des concepts. Ce qui se passe en général c'est que votre bavardage mental, vous l'appelez vos pensées ; mais si vous êtes en proie à un bavardage à caractère émotif très profond ou encore si vous vous battez et vous dé-battez dans votre propre esprit, vous appelez ça des émotions, et vous leur accordez une importance particulière. Vous pensez qu'elles méritent le privilège particulier d'être appelées "émotions". "Je suis vraiment en colère, c'est bien plus qu'une pensée", "Je suis super-bandé (ou super-excitée) c'est bien plus qu'une pensée". Il semble pourtant que dans le royaume de l'esprit réel, les choses ne se passent pas ainsi. Toutes ces émotions sont des pensées, toutes sont des pensées, toutes. Ce n'est que de la pensée. Ce qui se produit tout le temps, c'est le fonctionnement mental.

Il se peut que vous ayez des érections en cours de méditation, mais c'est encore votre pensée. C'est d'abord votre esprit qui a une érection, votre corps après.

Donc, l'idée, du point de vue de la pratique Shamatha, c'est de dépersonnaliser les pensées. Vos pensées ne sont plus des invitées de marque dans votre vie lorsque vous méditez. Vous pensez, vous méditez ; vous pensez, vous méditez ; vous pensez, vous méditez. Vous avez des pensées, encore des pensées, des pensées à propos des pensées et encore des pensées à propos des pensées. Laissez-les donc se produire telles quelles : appelez-les des pensées. Vous êtes en train de penser, vous êtes constamment en train de penser, il n'y a rien d'autre que de la pensée. Vous n'êtes pas vraiment en train de vous mettre en colère. Il se peut que vous en ressentiez des répercutions physiques, mais c'est encore le processus de la pensée qui le provoque. Il se peut que vous ayez des érections en cours de méditation, mais c'est encore votre pensée. C'est d'abord votre esprit qui a une érection, votre corps après. C'est en général ainsi que cela se passe. Ce qui est en jeu, c'est le processus de la pensée, un processus constant ; il n'y a que de la pensée, rien que de la pensée, des schémas de pensée.

Examiner l'expérience

à l'aide d'une méthode : l'attention-vigilance

Francisco Varela

L'inscription corporelle de l'esprit, sciences cognitives et expérience humaine, collection la couleur des idées Editions Le seuil, 1993

La science aborde aujourd'hui l'exploration d'un territoire longtemps réservé à la philosophie par le biais de ce que l'on nomme désormais les sciences cognitives. Les recherches en ce domaine ont tout naturellement conduit certains scientifiques, comme ici Francisco Varela, à observer des convergences entre les résultats de leurs travaux et la science de l'esprit développée dans les enseignements bouddhiques. La méditation ou attention-vigilance que propose la tradition bouddhique pour observer et connaître son esprit est ici analysée comme un outil complémentaire, voir indispensable à ceux utilisés par les sciences cognitives.

Bouddhique ou autre, il existe de nombreuses activités du corps et de l'esprit. Dans son usage général dans l'Amérique et l'Europe modernes, le terme méditation possède toute une série de significations ordinaires distinctes : a) état de concentration dans lequel la conscience réfléchie est centrée sur un seul objet ; b) état de relaxation psychologiquement et médicalement bienfaisant ; c) état dissocié dans lequel des phénomènes de transe peuvent se produire et ; état mystique dans lequel sont vécus les réalités ou les objets religieux les plus élevés. Ces différentes significations ont en commun d'être des états modifiés de conscience ; le méditant accomplit quelque chose pour sortir de son état de réalité ordinaire, non concentré, non relaxé, non dissocié et inférieur.
La tradition bouddhique de la présence/conscience est conçue comme l'exact opposé de ces significations. Le but du pratiquant est de devenir attentif, de vivre ce que son propre esprit fait quand il le fait, d'être présent à son propre esprit. Quelle pertinence ceci a-t-il du point de vue des sciences cognitives ? Nous croyons que si les sciences cognitives ont à prendre en compte l'expérience humaine, elles doivent disposer d'une méthode destinée à explorer et à connaître ce qu'est le vécu humain. C'est pour cette raison que nous nous tournons vers la tradition bouddhique de méditation attentive.(...)

La méditation orientée vers l'attention/vigilance peut-elle être considérée comme un type d'expérimentation qui opère des découvertes sur la nature et le comportement de l'esprit - un type d'expérimentation corporelle et ouverte à de nouvelles possibilités d'expérience ? (...)Les doctrines bouddhiques affirment être simplement les observations que fait l'esprit quand il est autorisé à être naturellement observateur. En effet, toutes les assertions bouddhiques (absence de soi, avènement codépendant du vécu, etc.) sont présentées par les enseignants bouddhistes comme des découvertes plutôt que comme des principes ou des doctrines. Les maîtres bouddhistes aiment à souligner que les étudiants sont toujours expressément invités à douter de ces assertions et à les mettre directement à l'épreuve dans leur propre expérience plutôt qu'à les accepter en tant que croyances. (Bien sûr, s'ils se présentent avec une réponse radicalement déviante, ils peuvent être invités à y regarder une deuxième fois – tout comme cela se passe dans l'enseignement scientifique sous sa forme normale.)

Deux objections pourraient être soulevées à l'encontre de l'affirmation selon laquelle la méthode de l'attention/vigilance est un moyen de découverte de la nature de l'expérience. En premier lieu on pourrait s'interroger sur la relation entre la connaissance obtenue au moyen de la méditation et l'activité que nous appelons introspection. Après tout, l'introspectionnisme en tant qu'école de psychologie, popularisée au XIXe siècle par le psychologue Wilhelm Wundt, échoua radicalement à procurer une assise à la psychologie expérimentale. Entre les différents laboratoires qui mirent en œuvre l'introspection, il n'y avait aucun accord sur le problème de savoir à quels résultats conduisait la méthode introspectionniste – situation qui est aux antipodes mêmes de la science. Mais en quoi consistait cette méthode nommée introspection ? Chaque laboratoire partait de la théorie suivant laquelle l'expérience était décomposable en certains types d'éléments, et des sujets étaient entraînés à décomposer leur expérience de cette manière. On demandait au sujet de considérer son propre vécu comme s'il en était un observateur extérieur. C'est là, en fait, ce que nous désignons habituellement du nom d'introspection dans la vie quotidienne. Telle est l'essence même de ce que Merleau-Ponty et Heidegger appelaient l'attitude abstraite du scientifique et du philosophe. La tradition de la méditation attentive dirait que les introspectionnistes n'avaient aucune connaissance de l'esprit ; ils se contentaient de penser sur leurs pensées. Cette activité ne pouvait bien évidemment que servir à montrer quels préjugés on possédait concernant l'esprit – rien d'étonnant à ce que les différents laboratoires fussent en désaccord ! C'est précisément pour rompre avec l'attitude de l'introspection que s'est développée la méditation orientée vers la présence /conscience.

La seconde objection qui pourrait être adressée à l'attention/vigilance en tant que méthode d'observation de l'esprit in situ consiste à dire que, quand le sujet médite ou devient attentif et conscient, il perturbe son mode d'existence normal dans le monde, son implication active et le sens pris pour acquis de la réalité indépendante du monde. Comment l'attention/vigilance pourrait-elle, dès lors, nous donner de quelconques informations sur le mode d'être normal qu'elle dérange ? Notre réponse est que cette question, pour avoir un sens, doit elle-même présupposer l'attitude abstraite ; on réfléchit rétrospectivement sur l'implication active et on prétend qu'elle est ou n'est pas perturbée comme si ce

dernier point pouvait être perçu d'un point de vue de connaissance indépendant et abstrait.
Dans la perspective bouddhique, c'est seulement grâce à l'attention naturelle que Heidegger et Merleau-Ponty auraient pu connaître un mode normal d'implication active dans le monde. (Merleau-Ponty ne dit au fond rien d'autre dans la préface de la Phénoménologie de la perception.) Ce que l'attention perturbe est l'inattention – à savoir le fait d'être distraitement impliqué sans s'en rendre compte. C'est seulement dans ce sens que l'observation modifie ce qui est observé, et cela fait partie de ce que nous entendons par réflexion ouverte.

En conclusion, nous avons montré qu'il est indispensable d'avoir sur l'expérience humaine une perspective disciplinée qui soit en mesure d'élargir le domaine des sciences cognitives de manière à y intégrer l'expérience directe. Nous suggérons qu'une telle perspective existe en l'espèce de la tradition de la présence. La pratique de l'attention/vigilance, la philosophie phénoménologique et la science sont des activités humaines ; chacune exprime notre corporéité humaine. Naturellement, la doctrine bouddhique, la phénoménologie occidentale et la science sont chacune l'héritière de nombreuses discussions doctrinales et affirmations contradictoires. Chacune, cependant, dans la mesure où elle est une forme d'expérimentation, est ouverte à tout un chacun et peut être examinée avec les méthodes de chacune des autres.

Nous croyons donc que la méditation orientée vers l'attention peut fournir un passage naturel entre les sciences cognitives et l'expérience humaine. Nous sommes particulièrement frappés par la convergence que nous avons découverte entre certains des thèmes principaux de la tradition bouddhique, la phénoménologie et les sciences cognitives – thèmes relatifs au soi et à la relation entre sujet et objet.

Support d'Étude

à l'usage des pratiquants

Le sentier de Shamatha

Lama Denys

Le cheminement vers la paix de l'esprit
commentaires extraits d'enseignements

Le développement spirituel dans la voie de Shamatha comporte neuf degrés, représentés sur le dessin par neuf étapes ; pour chacune d'elles, la scène exprime l'état méditatif obtenu. Les six courbes du sentier correspondent aux six forces qu'il est nécessaire de mobiliser progressivement pour atteindre le repos de l'esprit.
La première scène, en bas de la reproduction, décrit la situation de méditation initiale. Le moine est le méditant ; en face de lui, l'éléphant représente l'esprit que l'on cherche à apprivoiser. Pratiquement, cette méditation met en jeu deux éléments qui sont les deux outils du méditant : la hachette tenue dans la main droite du moine et une corde à crochet tenue dans sa main gauche. Par sa vivacité, sa nature incisive, la hachette est la représentation symbolique de l'attention. Par ailleurs, pendant la méditation, les distractions sont nombreuses et le méditant doit revenir à l'état d'attention par des rappels constamment répétés. La corde à crochet est ce rappel. L'attention est l'acuité de base de la méditation ; le rappel est l'élément liant qui en assure la continuité.

La pratique de Shamatha rencontre deux principaux obstacles : l'opacité de l'esprit et l'agitation, respectivement exprimées par la noirceur de l'éléphant et par le singe. Le feu qui décroît au fur et à mesure des étapes exprime l'énergie que le méditant doit dépenser pour soutenir sa méditation.

1 À la première station, le moine et l'éléphant sont loin l'un de l'autre. L'esprit-éléphant galope, suivant le fil de ses pensées. C'est le singe de l'agitation qui mène

la danse. C'est une situation de haute énergie, de haute tension. Les obstacles sont à leur maximum : tout est noir. La distance qui sépare le méditant et son esprit est grande. La force de l'écoute l'a informé des enseignements : il les applique pour la première fois, essayant maladroitement de diriger la hachette de l'attention vers l'esprit qui galope loin devant.

2 Le deuxième virage correspond à l'intervention de la force de la pensée. À la deuxième station, le méditant se rapproche de l'éléphant, qui est passé du galop au trot. Le singe mène toujours l'esprit mais le rythme s'est ralenti. L'opacité décroît ; à partir de maintenant, l'apparition progressive du blanc sur la tête exprime l'accroissement de la lucidité pour l'éléphant et du repos pour le singe. Sur les côtés du chemin, trois petits fruits, une écharpe, les cymbales, une conque et un miroir symbolisent les objets sensoriels, sources d'agitation et de distraction. Il y a un peu moins de feu ; la situation demande moins d'énergie, entraîne moins de tension.

3 À la troisième station, le méditant ne court plus vraiment après son esprit : ils se font maintenant face. Le singe est toujours en avant mais il n'entraîne plus l'éléphant. Pour la première fois, le méditant utilise ses facultés de rappel pour établir un lien direct et continu avec son esprit, ce qui met en évidence une forme subtile de torpeur, ignorée jusqu'alors : elle est symbolisée par le lapin. L'opacité décroît encore, la couleur blanche se propage.

4 L'expérience de la phase précédente se précise : le méditant se rapproche encore de l'éléphant. La progression de la couleur blanche du singe, de l'éléphant et du lapin s'intensifie. La scène est plus calme.

5 La situation se renverse. Le méditant en est maintenant le maître. Il guide l'éléphant par un usage continu de son attention et de ses capacités de rappel. Le singe est maintenant derrière. Le lapin est toujours là. Les éléments de la scène gagnent en transparence. Sur le côté du sentier, un singe blanc jouit des bons fruits résultant d'un esprit engagé dans de vertueuses activités. Ces actions, positives dans la vie quotidienne, sont pourtant des distractions durant la pratique de Shamatha, c'est pourquoi l'arbre est noir et à l'écart du sentier.

6 La progression est plus aisée ; le méditant dirige bien sa méditation, même lorsqu'il n'y applique pas son attention ; le lien du rappel reste attaché à l'éléphant. Le lapin est parti ; la situation se clarifie.

7 La scène est devenue très paisible et transparente. La marche n'a plus à être dirigée. Il n'y a presque plus d'opacité ni d'agitation ; le méditant reste au repos, sans qu'il ne lui soit nécessaire de faire usage intentionnellement d'attention ou de rappel. Quelques taches noires signalent encore quelques points délicats, un peu d'opacité ou d'agitation subtiles, mais elles sont immédiatement abandonnées avec un effort minime.

8 L'éléphant marche docilement avec le méditant ; il n'y a pratiquement plus de noir et la flamme de l'effort a disparu. La méditation est devenue naturelle et continue.

9 À ce dernier stade, l'esprit et le méditant sont tous deux au repos complet. Ce sont maintenant de vieux compagnons, habitués à rester en paix ensemble.
Les obstacles de la méditation ont disparu. Shamatha est atteint. Le méditant peut alors avoir ces expériences de ravissement ou de profond bonheur, représentés symboliquement par le moine volant ou transporté à dos d'éléphant.

Le dernier tableau fait allusion à la pratique conjointe du repos de l'esprit (Shamatha) et de la vision profonde (Vipashyana). La démarche se renverse et le méditant "chevauche" maintenant son esprit. Il y a un renouveau d'activité. Le méditant cherche à reconnaître le jeu de cet esprit désormais calme et transparent. Il brandit l'épée de prajña, l'épée flamboyante de la connaissance immédiate, et tranche deux faisceaux noirs qui émanent de son cœur. Ils représentent le voile des passions et le voile de la dualité. Une fois dissipées, ces enveloppes qui voilaient la pureté de l'esprit, il réalisera la vacuité fondamentale, la plénitude du pur esprit, l'état de bouddha.

L'expérience profonde de Shamatha et de Vipashyana

La méthode de méditation

Compilé par **Déshoung Rimpotché**

Le Flambeau de la Voie de la Libération
Traduction du Comité Lotsawa

Ce texte fut traduit du tibétain par le Comité Lotsawa en 1994. Tout ce qui est écrit entre parenthèses au fil du texte a été ajouté pour faciliter l'intelligibilité du texte français. Les notes sont aussi le fait des traducteurs. Nous avons rajouté, principalement pour la section de Vipashyana, de nombreuses notes qui présentent les termes tibétains pour les étudiants de la langue.

La traduction a été relue, revue et corrigée à partir de l'original tibétain par Lama Denys en juillet 2000.
Cette version contient encore des imperfections, veuillez nous en excuser et n'hésitez pas à signaler celles que vous pourriez trouver.
Puisse ce précieux texte être utile aux valeureux yogis sur la voie de l'Eveil

- Que tout soit propice -

I - SHAMATHA

A -circonstances favorables, défauts et remèdes à la pratique

– L'ISOLEMENT DU CORPS ET DE L'ESPRIT

Shamatha n'apparaît pas d'emblée chez les débutants car ils sont distraits. Pour le développer, ils ont besoin de l'isolement du corps et de l'esprit. C'est ce qu'ils feront en utilisant les six facteurs favorables au repos tranquille (Shamatha). Il s'agit :

1- De demeurer dans un lieu propice (c'est-à-dire principalement calme)
2- D'avoir peu de désirs
3- De savoir se contenter de ce que l'on a
4- D'abandonner les distractions des activités nombreuses
5- D'avoir une discipline juste (en corps, parole, et esprit)
6- D'abandonner les cogitations qui entretiennent le désir et autres passions.

– LES CINQ OBSTACLES ET LES HUIT REMÈDES

Une fois dans cet état d'isolement, pour pratiquer l'état d'absorption méditatif, le samadhi (de Shamatha), il faut :
1) Identifier les cinq défauts à abandonner, puis
2) Appliquer les huit facteurs remèdes qui permettent de les abandonner.
Nous cherchons alors l'état de repos tranquille (Shamatha) au moyen des six "forces" de la pratique et traversons neuf étapes de repos passager de l'esprit qui correspondent à quatre types de positionnement du mental dans la méditation. Dans notre entraînement en cette pratique naissent progressivement cinq degrés d'expérience méditative et nous réalisons finalement l'état de tranquillité de l'esprit extrêmement pur.

Chine-djang :

Cet état méditatif extrêmement pur (écrit : *shin sbyang*) est une expérience physique et spirituelle intense. Le corps et l'esprit y sont libres des impuretés qui les souillaient au préalable. Cette expérience est source d'une profonde inspiration pour la pratique. Le terme *chine-djang* signifie littéralement "extrême entraînement" ou "extrême purification", l'expérience évoquée dans le texte ainsi qu'une extrême souplesse et maniabilité de l'esprit lui correspondent. Cette expression est susceptible d'être traduite différemment suivant les cas. Le contexte pratique et expérimental nous a fait choisir ici "extrême pureté" qui rend le mieux.

B - Les cinq obstacles de Shamatha

1 - La paresse

C'est l'attitude en laquelle l'esprit n'entre pas en contact avec les vertus de la pratique.

2 - L'oubli

Même si l'esprit entre en contact avec la pratique, il oublie les instructions de méditation.

3 - La torpeur et l'agitation

Même si l'esprit n'oublie pas les instructions, il ne reste pas en place : c'est l'agitation ; ou bien il est opaque et engourdi : c'est la torpeur.

4 - Le manque d'intervention

Quand l'esprit est parti dans la torpeur ou l'agitation, c'est de ne pas appliquer le remède qui permettrait de les éliminer.

5 - L'excès d'intervention

C'est appliquer de trop nombreux remèdes. Cette intervention excessive empêche l'esprit de rester en place.

C - Les huit remèdes aux cinq obstacles

Les huit remèdes permettant d'abandonner les cinq fautes sont les suivants :

1 - Les remèdes à la paresse (intention, effort, confiance, ravissement)

Il y a quatre remèdes à la paresse qui est la première chose à abandonner ; ce sont :

- L'intention qui fait tendre vers la méditation
- L'effort qui fait être énergique en celle-ci
- La confiance qui fait entrevoir ses qualités
- **Les états méditatifs extrêmement purs** ou de ravissement ***(Chine djang)*** qui sont le résultat des efforts.

L'intention fait tendre vers l'état de méditation ; l'effort consiste à rester en celui-ci ; la confiance est à l'origine de l'inspiration ; quant aux états méditatifs d'extrême pureté, ils sont le fruit des efforts.
Parmi ces remèdes à la paresse, le principal est l'effort ; en fait, il s'agit d'être courageux. La paresse est le premier obstacle à la méditation, il s'agit de l'abandonner et de développer de l'énergie en gardant présents à l'esprit :
- Le caractère insatisfaisant de l'existence conditionnée
- La difficulté d'obtenir l'existence humaine libre et qualifiée (c'est-à-dire dotée des libertés et des qualifications qui la rendent propre à la pratique du dharma)
- L'impermanence et la mort.

2 - Les remèdes à l'oubli (**souvenir-rappel**)

Lorsque nous sommes diligents en la méditation, oublier ses instructions est un défaut dont le remède est le "**souvenir-rappel**" (tibétain : *drènpa*, écrit : *dran pa*). Celui-ci ne consiste pas seulement à ne pas oublier la méditation mais aussi à ce que l'esprit y reste complètement absorbé dans l'expérience précise et soutenue d'une intelligence bien présente.

Drènpa :

Littéralement "garder présent à l'esprit" et "se rappeler", "se souvenir de". Drènpa permet de garder la méditation présente à l'esprit. C'est la présence de l'esprit à la méditation et le souvenir de celle-ci. Nous traduisons drènpa par l'une ou l'autre de ces expressions en gardant le plus souvent possible le terme tibétain entre parenthèses. Drènpa comme souvenir assure la continuité de la méditation.

3 - Les remèdes à la torpeur et à l'agitation (vigilance attentive)

Pendant l'absorption méditative, la torpeur et l'agitation sont des défauts. Leur remède est la **vigilance attentive** (tibétain : ***ché chine*** ; écrit : *shes bzhin*). Cette vigilance attentive examine bien si l'esprit s'engourdit, s'il s'agite ou si ce n'est pas le cas. Ceux qui ont pour la méditation d'excellentes facultés reconnaîtront la torpeur et l'agitation dès qu'elles commencent à apparaître et ils pourront les éliminer aussitôt. Ceux qui ont des facultés moyennes pourront les reconnaître et les abandonner tout de suite après leur apparition. Quant à ceux qui ont des facultés moindres, ils les reconnaîtront peu de temps après leur apparition et devront alors les éliminer.

a - Les deux qualités de Shamatha (lucidité et repos)

(D'une façon générale), la pratique de Shamatha a deux qualités :
- La lucidité (ou clarté) : une présence lucide

Ché chine :

Littéralement "être connaissant". Ché : connaître, et chine est une particule caractéristique du présent. Chéchine est la connaissance du présent, une qualité d'attention vigilante à l'instant présent, attention vigilante au sujet de méditation et à l'état présent de l'esprit en celle-ci. Elle permet de reconnaître si l'esprit est, dans l'instant présent, distrait ou non ; le souvenir-rappel permet de maintenir ou de rétablir le contact avec la méditation.

- Le repos : un état de repos en lequel l'esprit reste complètement absorbé en la méditation.

La première qualité est interrompue par la torpeur, la seconde l'est par l'agitation.

Les principaux obstacles à la réalisation d'une méditation parfaite ont leurs origines dans l'apparition de la torpeur et de l'agitation. (Il s'agit donc de) reconnaître leurs formes grossières et subtiles puis de les éliminer. Il est enseigné en effet que sans y mettre fin, il n'est pas possible de développer Shamatha, et a fortiori -cela va sans dire- Vipashyana !

(Dans cette perspective), la pratique nécessite deux éléments :

- Un moyen pour que l'esprit ne se distraie pas de sa méditation *(dmigs pa)*
- Et une intelligence qui reconnaisse "comment" est l'esprit : distrait ou non.

Le moyen est la présence du rappel-souvenir *(dran pa)*. L'intelligence est l'attention-vigilance *(shes bzhin)*.

Si la présence du rappel-souvenir *(dran pa)* se détériore, nous oublions la méditation, et aussitôt que nous en sommes ainsi distraits, elle est détruite. De ce fait, la présence de ce rappel-souvenir *(dran pa)* qui permet de ne pas quitter la méditation est la racine (de sa pratique). Il est enseigné de placer l'esprit dans la méditation *(dmigs pa)* et d'y rester présent en s'en souvenant (dran pa) continûment, sans la moindre distraction ; quand nous en sommes distrait, cette simple distraction détruit la présence *(dran pa)* [à la méditation].

b - Opacité, torpeur et agitation

Voyons maintenant quelles sont les différences entre opacité-torpeur et agitation.

1) L'opacité et la torpeur

* Définitions

L'opacité ou l'engourdissement est cet état en lequel le support de méditation n'est pas clair et en lequel le corps et l'esprit sont dans un état de lourdeur et de somnolence.

- La torpeur grossière est comme l'obscurité s'abattant sur l'esprit. [Dans cet état], même si l'esprit ne s'égare pas hors de son support de méditation, il n'est

ni clair ni lucide et la force de la présence (dran pa) s'est affaiblie.
- La torpeur subtile est cet état en lequel, même si l'esprit reste clair et lucide, la précision de son expérience soutenue et alerte, fixée sur le support de méditation, s'est un peu relâchée.

* Remèdes
- Considérer les qualités des Trois Joyaux (cette considération est stimulante pour la confiance, la joie, l'enthousiasme... et l'esprit d'une façon générale) ;
- Produire dans l'esprit des caractéristiques lumineuses (par exemple, imaginer que notre esprit baigne dans une immense clarté extrêmement vive) ;
- Et les instructions concernant le mélange du souffle-esprit et de l'espace, (par exemple, imaginer que l'esprit fait corps avec le souffle qui se fond lui-même en un espace ouvert à l'infini).

2) L'agitation
* Définitions
L'agitation subtile [est l'état en lequel] l'esprit ne reste pas immobile sur le support de méditation et se disperse un peu. Le remède est de méditer en utilisant la présence du rappel-souvenir *(dran pa)* et l'attention vigilante *(shes bzhin).*
L'agitation grossière (est l'état en lequel), même si nous utilisons le rappel *(dran pa)* et l'attention vigilante *(shes bzhin)*, l'esprit ne reste pas en place et se disperse vers des objets d'attachement.

* Remèdes
- Méditer sur l'impermanence, sur les trois existences inférieures, et sur les maux du samsara (ce qui favorise le non-attachement aux objets sources d'agitation) ;
- Appliquer les instructions qui coupent court à l'agitation avec des moyens puissants, (par exemple de méditer sur un globule sombre, terne et très pesant qui, à partir de notre cœur, descend lentement par-delà nos limites corporelles. L'esprit fait alors corps avec le globule et le suit en descendant doucement et progressivement).

4 - Les remèdes à l'absence d'intervention (intervenir)

Lorsque torpeur ou agitation apparaissent, ne pas réagir est un défaut. Le remède est de les reconnaître dès leur apparition et d'utiliser les facteurs qui les éliminent (les remèdes mentionnés précédemment). Si l'esprit est alors dans une présence très tendue sur le support, il sera lucide mais très agité et il lui sera difficile de rester tranquille ; et [vice-versa] si sa tension n'est pas assez soutenue et s'il se détend trop, bien qu'il trouve le repos, la torpeur sera grande et il lui sera difficile d'obtenir la lucidité.

Pour ces raisons, évaluant notre expérience : si nous constatons que de l'agitation se développe quand nous augmentons, dans une certaine mesure, l'intensité de l'intelligence (rig pa), nous nous détendrons un peu. Par contre, si nous constatons que laissant l'esprit à lui-même il glisse dans la torpeur, nous augmenterons un peu [l'intensité de l'intelligence]. Puis ayant trouvé la juste mesure entre ces deux tendances, nous chercherons l'état de repos de l'esprit, laissant celui-ci en équilibre à l'écart de toute perturbation. Quand cet état de repos est apparu, si nous craignons par moments de sombrer dans la torpeur, nous stimulons à nouveau la lucidité d'une intelligence bien présente. Nous cultivons (bskyangs) aussi la pratique en alternant ces deux phases jusqu'à ce que le samadhi (expérience profonde) sans défaut se développe. Celui-ci ne consiste pas seulement en une transparence, car s'il manque à celle-ci la lucidité d'une conscience précise, cet état, à lui seul, ne conduira pas à la stabilité du mental.

5 - Les remèdes à un excès d'intervention (cesser d'intervenir)

Quand [comme il vient d'être expliqué] même les formes subtiles de torpeur et d'agitation ont cessé, intervenir alors que l'esprit est entré dans une certaine continuité de méditation est un défaut. Le remède est alors de ne plus agir avec les antidotes à la torpeur et à l'agitation et de laisser l'esprit détendu en l'état d'équanimité.

II - VIPASHYANA

(D'une façon générale) Vipashyana est l'essence de la compréhension *(prajña).*
On distingue :
- Vipashyana spécial, qui est la pratique développant la réalisation de l'intelligence immédiate de Mahamudra, le sens ultime. Il ne sera pas développé ici.
- Et Vipashyana selon les points essentiels de la voie commune aux sutras et tantras. C'est le sens de cette pratique que nous allons exposer brièvement.

Elle comprend :
- La méditation du non-soi de la personne (ou d'absence d'individualité dans la personne) ;
- La méditation du non-soi des phénomènes (ou d'absence d'entité dans les phénomènes) ;
- La méditation de la vacuité ayant pour cœur la compassion ;
- Et la méditation de Shamatha et Vipashyana conjoints.

A -Définition

Il s'agit d'abord de distinguer le "non-soi de la personne" et le "non-soi des phénomènes", puis de comprendre leur inexistence.

1 - "Personne"

La "personne" est l'intelligence qui appréhende la continuité des constituants [qui nous composent].
Lorsque (cette intelligence) se saisit comme indépendante, permanente et monolithique et ainsi se fixe à un "moi-je" ou "soi", c'est le "soi de la personne" [ou encore "l'individualité de la personne"].
Comprendre que ce soi de la personne (ou individualité de la personne) n'est pas quelque chose en-soi, est la compréhension du "non-soi de la personne" [ou de l'absence d'individualité dans la personne].

2 - “PHÉNOMÈNE”

Les “phénomènes” sont les différentes choses : constituants, éléments etc., que le soi de la personne {ou l’individualité de la personne} conçoit.
Saisir ces phénomènes et s’y attacher comme à des choses réelles ayant leurs caractéristiques en elles-mêmes est le “soi des phénomènes”.

B – La méthode de pratique

Dans un lieu isolé, nous entrons en le Refuge du Lama et des Trois Joyaux avec une prière fervente. Puis, motivé par la Grande Compassion, nous méditons longuement l’éveil du cœur-esprit (bodhicitta). Nous pratiquons ensuite un exercice de Shamatha et lorsque le repos de l’esprit s’est quelque peu développé, nous considérons :

“Alala ! Notre esprit est en soi l’état naturel, il est par nature Claire Lumière, depuis toujours libre de toutes déterminations. C’est la clarté vide, subsistante, sans direction, ni orientation. Mais ne la réalisant pas, s’y saisit un “moi-je” qui fait errer sans fin dans le samsara. Ce samsara, qui apparaît de l’accoutumance aux propensions illusoires de la saisie dualiste, est apparences de choses qui ne sont pas, comme un déguisement, une enveloppe illusoire. En les saisissant comme réalités, l’on s’adonne comme un fou à des illusions, et dans celles-ci on éprouve continuellement l’expérience pénible de nombreuses souffrances.
Maintenant, à partir des instructions du Lama sacré, je vais pénétrer le suprême secret de l’esprit, le profond cœur de tous les enseignements, signifié par les 84000 collections du dharma des tathagata des trois temps, et je ne serai plus possédé par le démon de la saisie des choses”.

1 - MÉDITATION DU NON-SOI DE LA PERSONNE

Nous tendons le corps et l’esprit dans la concentration de l’expérience agréable d’exister comme être autonome, et nous en regardons les constituants. Nous considérons que “saisir un moi ou un mien est une illusion”, car si ce que nous nommons moi ou soi existait, il serait soit dans le nom, soit dans le corps ou soit

encore dans l'esprit. [Or :]
- Le nom n'étant qu'une désignation adventice, il n'est pas le soi.
- Le corps n'étant qu'une simple conception qui recouvre l'agrégation de nombreux constituants comme la chair, le sang etc., il n'est pas non plus le soi. Du sommet de la tête à la plante des pieds, à l'intérieur, à l'extérieur, où que ce soit, il n'est de soi.
- Quant à l'esprit ? : l'esprit du passé a [déjà] cessé ; l'esprit à venir n'est pas [encore] né, et l'esprit du présent cesse immédiatement, aussi [l'esprit] ne peut-il non plus être le soi.

Ce que l'on nomme "soi" se réduit alors à n'être qu'une illusion sans fondement. Le mental considère [ces points] encore et encore.

2 - Méditation du non-soi des phénomènes

Toutes les apparences du monde extérieur, dans leur variété : montagnes, maisons etc., ne sont pas le produit du hasard, du Tout-puissant, des quatre éléments, d'atomes ou d'un créateur autre [mais sont produites par] notre propre esprit globalement altéré par les propensions du samsara. (Toutes ces apparences) sont comme inexistantes ; elles se réduisent uniquement à des apparences émergeant par le pouvoir de l'illusion. Elles sont -pour prendre un exemple- analogues à une ville onirique ou aux chevaux, vaches ou autres formes du rêve.
- Nous considérons cela longuement pour en développer une ferme conviction -

Ainsi, si les apparences saisies comme objets sont analogues aux apparences oniriques, le connaisseur qui les saisit est aussi semblable à l'esprit (sujet) de l'expérience onirique : il n'a pas non plus d'existence réelle, quelle qu'elle soit.
C'est pourquoi tous les phénomènes inclus dans la saisie dualiste sujet-objet ne sont qu'illusions, mensonges et sujets de tromperie.

Nous considérons ceci. Puis l'esprit se retourne sur lui-même en l'intelligence du présent instantané, libre du voile de la saisie dualiste sujet-objet, et longuement il contemple nûment son propre éclat.

Dans l'expérience de la clarté-lucidité d'ouverture totale, béante :
Contemplons d'où naît cette lucidité intelligente. On ne lui trouve d'abord de cause (ou de lieu d'origine) d'où elle vienne : elle est non née, c'est une vacuité ouverte et dégagée.
Ensuite, contemplons où réside son essence. Elle ne se trouve nulle part : ni à l'intérieur du corps, ni à l'extérieur, ni entre les deux. Elle ne consiste en aucune couleur, forme ou quoi que ce soit. Quelle que soit la façon dont nous la recherchions, elle ne peut être trouvée. C'est une vive transparence sans localisation.
Finalement, si nous contemplons où elle finit, elle ne se termine et ne s'achève en aucune conséquence ; et, dans cette non-finitude, est un bonheur étale.

Ainsi, la vacuité naturelle, dépourvue de cause, de conséquence et d'essence (ou d'être) resplendit dans une nudité claire et brillante. Sans aucunement entraver le dynamisme propre à la clarté qui en fait l'expérience, l'intelligence de cette expérience est une lucidité vive et ouverte : dans sa clarté, elle ne consiste en rien (elle est vacuité), et dans sa vacuité, elle est intelligence, lucide et libre de tout blocage. C'est la clarté vide, l'absence de saisie, l'au-delà des déterminations et des orientations.

"Demeure en cette ouverture, béante, nue et dégagée, indicible et impensable ; et finalement, sans même saisir l'indicible !"

Quand apparaît une pensée, ne suis pas son cours, reste dessaisi : ***"aussitôt apparue, elle a complètement disparu".***

Au début, sois concentré avec fermeté ; au milieu, sois relâché (ou relaxé) dans la détente ; et à la fin, sois sans espoir ni crainte.

En résumé : sans jamais être distrait de l'ainsité de la simple présence qu'est la clarté-lucidité vide sans fixation, sois sans contrainte en l'état où il n'est rien qui soit médité. Médite ainsi, intensément, de courts moments répétés encore et encore ; puis, sans que la méditation ne devienne rebutante, arrête-la sur une bonne impression.

3 - Méditation de la vacuité et de la compassion conjointes

A la fin d'une session, avant de quitter la pratique, [considère] la nature de tout phénomène : l'au-delà des déterminations, sans repère, indicible, transcendant l'intellect, sans fondement ni origine, semblable à l'espace. Ne la reconnaissant pas, tous les vivants -nos mères d'antan - liés par l'intense saisie du moi et la fixation sujet-objet, ne vivent que dans les apparences illusoires. Dans une compassion empathique, souhaitons qu'ils réalisent la nature de l'esprit, l'intelligence suprême du parfait état de Bouddha qui rend manifeste ce grand au-delà des déterminations.

Entre les tün [sessions de méditation] :
"Les illusionnistes produisent des formes :
Chevaux, vaches, chars et autres ;
Mais quoi qu'il apparaisse, il n'en n'est rien.
Connais tout phénomène comme leur semblable"...

Les profondes paroles des sutras du sens définitif sont une très grande inspiration qui plante l'habitude de la vision philosophique, aussi en réciterons-nous, en l'état qui comprend toute apparence comme apparence-vide, semblable à une illusion ; et après, nous accomplirons diligemment le bien des vivants.

4 - La méditation de Shamatha-Vipashyana conjoints

La période de Shamatha est l'apaisement de toutes les irruptions de la pensée discursive ; c'est le mental qui ne fait rien. La période de Vipashyana est l'élimination de toutes surimposition ; c'est le mental en lequel il n'est rien à faire. En le yoga de l'absence de toute méditation, les deux [Shamatha et Vipashyana] fusionnent en une unique saveur et sont pratiqués conjointement.

L'Ornement des sutras dit :
"Cette voie de la conjonction
Est celle de l'unification".

La façon de la pratiquer est sommairement semblable à ce qui précède. Sans quitter l'intelligence supérieure qui comprend que sont dépourvus de nature propre le yoga médité, le moyen de méditation et la personne qui médite, et (aussi) sans bloquer la lucidité de la simple présence, est Shamatha la stabilité de l'absorption unifiée en l'expérience apparente, alors que la compréhension immédiate du caractère non né de ce simple apparent est Vipashyana. Les deux étant en essence indissociables, reste [en leur état] clair-lucide et complètement ouvert. Lorsque le repos est grand, stimule l'intelligence qui comprend en soi, et lorsque l'intelligence est intense et que l'esprit ne repose pas, reste relâché.

En alternant ainsi, les deux se rejoignant, toutes les déviations sont éliminées. Si ces points essentiels ne sont pas compris, il y aura déviation, car quelle que soit la stabilité de Shamatha, [Shamatha seul dévie] dans l'un ou l'autre des quatre niveaux de méditation [du monde de la forme subtile] ; et aussi excellent que soit le discernement de Vipashyana, [Vipashyana seul dévie] dans l'un des quatre domaines du sans forme [du monde de l'absence de forme].
– Aussi est-il essentiel de pratiquer en éliminant toutes les déviations –

Entre les tün : ***Sans s'investir, au gré des projections, en les objets des facultés cognitives, l'intelligence ne quitte pas le domaine de la totalité des apparences, les reconnaissant comme ses simples émergences. Et dans cet état, nous accomplissons le bien des vivants autant que nous le pouvons.***

Finalement, nous appliquant à la vertu ou en quelque activité que ce soit, nous cultivons encore et encore l'intelligence que toute apparence est comme un rêve ou une illusion. Ceci est important car il est enseigné que cette pratique fait naître en soi l'habitude de la vision juste.

“Les illusionnistes
produisent des formes :
Chevaux, vaches, chars et
autres ;
Mais quoi qu’il apparaisse,
il n’en n’est rien.
Connais tout phénomène
comme leur semblable”.

La rencontre avec Peldarboum

Milarépa

La jeune fille dit :

– Lama La, je n'ai pas entamé les moindres préparatifs pour la vie future. Puisque maintenant je les commence, je vous prie, par compassion, de me donner une instruction à méditer.

La requête lui ayant été offerte avec sincérité, Milarépa se sentit grandement réjoui.

– Pourvu que vous pratiquiez loyalement vous n'avez pas besoin de changer de nom dans notre tradition, dit-il. Et puisque l'on peut se purifier sous une belle tignasse, vous n'avez pas besoin non plus de couper vos cheveux ni de transformer votre habit.

Comme instruction à méditer, il chanta le but et les quatre exemples à garder en l'esprit.

O précieuse Peldarboum
Riche de la foi que vous possédez !

Prenez en exemple l'espace,
Méditez l'absence de centre et de limite !

Prenez l'exemple de soleil et lune,
Méditez sur la clarté sans ombre !

Prenez la montagne en exemple,
Méditez ce qui ne bouge ni ne s'altère !

Prenez en exemple l'océan,
Méditez les profondeurs insondables !

Avec le but en l'esprit,
Méditez sans avidité ni mépris !

Ayant ainsi chanté, le Jetsun montra à la jeune fille les attitudes essentielles du corps et de l'esprit. Elle s'installa en méditation. En elle apparurent des expériences et des réalisations sages. Afin de révéler ses doutes, afin de mettre à jour les obstacles, elle offrit au Maître cette prière.

O Seigneur Vénérable,
Corps d'émanation parfaitement né!

Je suis heureuse de contempler l'espace,
Mais un peu déconcertée par les nuages sombres.
Instruisez-moi sur eux!

Je suis heureuse de contempler lune et soleil,
Mais un peu déconcertée par étoiles et planètes.
Instruisez-moi sur elles!

Je suis heureuse de contempler la montagne,
Mais un peu déconcertée par la végétation.
Instruisez-moi sur elle!

Je suis heureuse de contempler l'océan,
Mais un peu déconcertée par ses vagues.
Instruisez-moi sur elles!

Je suis heureuse de contempler mon esprit,
Mais un peu déconcertée par son imagination.
Instruisez-moi sur elle!

Milarépa, pensant qu'elle avait expérimenté la méditation, fut vraiment joyeux. Pour lui répondre et afin de tirer profit des obstacles, de les dissiper, il chanta.

O très bonne Peldarboum
Vous qui êtes riche de foi, écoutez!

Heureuse, vous méditez le ciel,
Les nuages pourpres en sont une merveille.
Restez dans le monde propre à l'espace!

Heureuse, vous méditez lune et soleil,
Etoiles et planètes en sont le mystère.
Restez dans le monde propre des astres!

Heureuse, vous méditez la montagne,
La flore en est le prodige.
Restez dans le monde propre de l'altitude!

Heureuse, vous méditez l'océan,
Les vagues en sont le charme.
Restez dans le monde propre des flots!

Heureuse, vous méditez votre esprit,
L'imagination en est le signe.
Restez dans le monde propre à l'esprit lui-même!

Après qu'il eut parlé, Peldarboum médita et établit solidement la nature de la vraie réalité de l'esprit. Plus tard, elle mourut, et avec ce corps même, accompagnée de musique, elle partit pour la sphère de la béatitude.
Ceci est le chapitre de la rencontre avec la disciple Peldarboum, une des quatre filles du Jetsun, à Guépa Lègsoum de Tchoung.

Pratiquer Mahamudra

Djamgœun Kontrul Ier

Extrait du Flambeau de la certitude
Ed. Yiga Tcheu Dzinn

Voici un court extrait de la deuxième partie du Flambeau de la certitude, précis de méditation composé par Djamgœun Kontrul Ier. En gras, on peut lire le texte original, traduit en français par le Comité Lotsawa ; en plus petits caractères, quelques commentaires explicatifs de Lama Denys.

LES POINTS ESSENTIELS CONCERNANT LA POSTURE DE L'ESPRIT.

Ne pas ressasser le passé,
C'est-à-dire ne pas analyser, ne pas penser à des événements qui sont déjà passés.

Ne pas anticiper l'avenir,
C'est-à-dire ne pas réfléchir à ce qui pourrait survenir dans telle ou telle situation, à ce qui va se passer.

Rester dans l'esprit d'instantanéité, sans artifice, en son état naturel,
Il s'agit de rester dans la connaissance de l'instant, du présent, sans rien faire, sans rien fabriquer mentalement, sans modifier l'état présent, sans le conditionner ; sans essayer de rectifier, de retoucher l'esprit, ou de fabriquer en celui-ci un état particulier ; sans créer d'artifice, en lâchant prise, laissant être ce qui est, "tel quel".

Sans espoir se demandant "l'état méditatif va-t-il venir?"
Cette simplicité est paradoxalement demandante pour notre esprit compliqué qui éprouve inlassablement le besoin de s'affirmer en observant, évaluant, et espérant : "pourvu que ça vienne !". Ces attitudes d'attente sont un premier type d'obstacle.

Sans la crainte qu'il ne se produise pas,
Ce deuxième type d'obstacle consiste à avoir peur, à se dire : "Je n'y arriverai jamais, est-ce cela, n'est-ce pas cela ?" Toutes ces questions que l'on se pose, tous les jugements et évaluations sont des obstacles à la découverte de l'état de simplicité naturelle.

Sans développer aucune pensée d'espoir ou de crainte,
Il s'agit donc de rester dans un état sans attente et sans inquiétude. Toutes les attitudes d'espoir et de crainte font obstacle à l'apparition spontanée du repos naturel de l'esprit.

"Décroché" dans la connaissance d'instantanéité,
On reste "décroché" dans un état en lequel références et jugements sont absents dans lequel la connaissance est celle du présent.

Sans y prendre de référence, sans le modifier, le changer, arrêter ou produire quoi que ce soit.
Dans cet état, on ne prend de référence ni intérieure, ni extérieure. On n'essaye pas de produire, de changer ou de modifier quoi que ce soit, d'interférer de quelque façon que ce soit avec l'état de l'esprit tel qu'il est. On reste au repos, libre de toutes méditations intentionnelles et de toutes interférences.

On s'abandonne à l'état naturel.
On pourrait dire aussi : on "laisse tomber". En s'abandonnant, se "laissant partir" complètement, on s'immerge naturellement en la sphère de ce qui est, tel que c'est.

Tous les points essentiels concernant la façon de disposer l'esprit sont inclus dans :

- ***La non-distraction,***

La distraction consiste à se distraire de l'esprit d'instantanéité en lequel on est "en vacance", et à recommencer à suivre pensées et émotions.

- ***La non-méditation,***

Par non-méditation, il faut entendre absence de toute méditation intentionnelle produite par le mental, absence d'un état d'absorption méditative que l'on essaierait de fabriquer de quelque façon que ce soit.

- ***L'absence d'artifice.***

C'est l'absence de toutes les formes d'intervention, de tentative, d'essais, que l'on pourrait tenter d'utiliser "pour faire comme il faut".

Ce sont les trois portes de la libération.

On entend par là que ces trois principes essentiels de la méditation de Mahamudra sont les trois portes ou les trois moyens qui conduisent à la parfaite libération, à l'expérience de la nature ultime de l'esprit : la réalisation de Mahamudra.

Comment traiter les différents types de pensées qui apparaissent

Sans appréhender les pensées et le penseur comme différents et distincts ; comme l'eau et ses vagues qui sont une unique chose, on reste en la sphère de la lucidité auto-connaissante.

C'est un état auto-connaissant, c'est-à-dire se connaissant de lui-même, en lui-même. Cet état se révèle dans l'absence de fixation. Ce sont en effet les fixations sur les pensées qui dissocient celles-ci du connaissant. En l'absence de toute fixation sur les pensées, on laisse les pensées et le penseur être comme l'eau et ses vagues qui sont une seule et même chose ; en cet état on reste absorbé, l'esprit se connaissant naturellement, lucide et lumineux en lui-même.

Si l'on ne sait pas faire cela (ce qui vient d'être expliqué précédemment), ***on se repose, "ouvert et dégagé", sur l'essence de celui qui observe : "l'esprit est au repos, l'esprit est en mouvement".***

C'est sur l'essence même de celui qui fait l'expérience, l'observateur qui connaît et évalue : "l'esprit est en place, l'esprit bouge", que l'on reste posé dans une vision ouverte, béante, sans fixation. Dans ce dégagement spacieux, l'observateur repose tout en douceur sur lui-même !

Il n'y a pas lieu d'utiliser une attention qui suive ce qui se passe.

L'attention qui examine l'esprit, ce qui apparaît, qui suit ce qui s'y passe, n'est pas nécessaire. Ses activités seraient de nouvelles fixations, de nouvelles formes d'artifices et de distractions.

On reste "indéfini" dans ce repos, sans en être distrait, l'esprit comblé continûment ; dans une lucidité-vide, "ouverte et dégagée".

Cet état est dit de lucidité-vide, c'est la lucidité de l'esprit vide de toute forme de fixation, vide d'observateur : une expérience d'ouverture en laquelle l'esprit est dégagé de tous les points de repère, de toutes les références et de toutes ses fixations habituelles.

Il s'agit d'abord de comprendre ce qu'est cet état, d'en faire l'expérience ; puis ensuite de le cultiver en l'absence de distraction, c'est-à-dire de ne pas s'en distraire et d'y revenir chaque fois que l'on se serait fixé sur une pensée ou sur quoi que ce soit. Quitter cet état est distraction. Rester régulièrement en cet état est ce que l'on appelle l'absence de distraction.

On cultive cet état d'abord lors de sessions de méditation, puis on le stabilise en dehors des sessions, jusqu'à finalement y être absorbé continuellement, dans n'importe quelle situation.

Quelles que soient les pensées qui apparaissent, elles disparaissent dès qu'elles apparaissent (comme) flocons de neige tombés sur une pierre chaude.

Si l'on médite ainsi, quelles que soient les pensées qui émergent, elles apparaissent et disparaissent instantanément, comme des flocons de neige tombés sur une pierre chaude, fondant immédiatement.

Que l'esprit soit au repos ou en mouvement, soit heureux ou malheureux,..., quoi qu'il puisse y apparaître, si l'on cultive l'état en lequel on le laisse "tel quel", il arrive tout seul à l'état de repos naturel.

Il convient de laisser l'esprit aller de lui-même en son état naturel, il y va tout seul pour autant qu'on le laisse "tel quel" ; il convient simplement de cultiver l'état de non-fixation fondamentale, qui lui permet d'y aller de lui-même.

Si l'on cultive cet état, il n'y a pas lieu d'arrêter, de fabriquer, ou d'essayer de modifier quoi que ce soit. Y rester quoi que l'on fasse : que l'on récite des prières, des mantra, que l'on se déplace, dorme ou reste en place... est ce que l'on appelle "l'activité spontanée".

Cet état de l'esprit, en son état naturel, est cultivé quelle que soit l'action extérieure ; on le garde quoi que l'on fasse, en toutes circonstance. C'est en lui que se révèle ce que l'on appelle l'activité spontanée, c'est-à-dire une activité sans référence aux concepts et aux points de repère mentaux habituels ; elle est directe et immédiate, parfaitement en adéquation avec la réalité de la situation.

Mahamudra Dzogchèn

La pratique fondamentale

 “A” Dessin de Kalou Rimpotché

— Les trois textes qui suivent sont une compilation faite par L.N. Wangmo à partir d'enseignements oraux du Vajracarya donnés lors de l'Assemblée Gesar 98 et de la retraite "Mahamudra-Dzogchèn" organisée par le Dharma Ling de Rome, au monastère de Monte Fiolo, en mars 98, certains passages et questions viennent des séminaires "Le Cœur de la Voie du Bouddha" donnés à l'Institut Karma Ling.

Vie sacrée, vie d'éveil

Lama Denys

La spiritualité, dans son essence, est fondée sur l'expérience primordiale de l'état de présence. C'est l'expérience spirituelle essentielle, elle est universelle et n'est pas l'exclusivité d'une tradition, quelle qu'elle soit. Elle est au cœur de toute spiritualité authentique et complète car elle est fondamentale, ultime : elle est au fond du fond la nature même de notre esprit-expérience. Elle fait partie de notre nature même, elle est inhérente à notre anthropologie fondamentale. Cette expérience de présence primordiale est le cœur de la tradition du Bouddha. Dans notre lignée, elle est présentée et réalisée particulièrement dans les approches de Mahamudra et de Dzogchèn. Mahamudra et Dzogchèn sont deux approches parallèles d'un même état : l'état de bouddha, l'état de l'expérience primordiale, l'état de présence. Ce sont aussi les enseignements et les pratiques qui en permettent la réalisation.

L'expérience primordiale, première, est l'expérience que les sens vivent, ici dans l'instant, lorsqu'ils opèrent simplement et immédiatement en eux-mêmes. Elle est dite première car naturellement présente avant que "je" ne l'habite. Cette simple sensorialité, directe et immédiate, est l'expérience de la "sensitivité primordiale". Les sens sans possesseur, sans ego, y vivent une expérience de participation non dualiste ou de communion pleine et totale.

Le présent, premier et immédiat, de cette expérience est ce que la tradition nomme "l'état de présence". C'est l'état d'un présent qui échappe au temps : le présent instantané, le présent d'instantanéité. C'est l'expérience du présent libre de toute saisie, libre de la saisie du mental conceptuel, libre de conception, c'est l'expérience sensorielle aconceptuelle, directe et immédiate. Une présence totale et absolue, sans rien qui lui soit autre. Cette expérience d'immédiateté est non dualiste, c'est-à-dire avant la partition en sujet et objet. C'est aussi une expérience silencieuse, sans le "speaker-rapporteur" du mental discursif, et même sans un observateur, un expérimentateur. Elle est ce qui "est" avant même que l'instant ne soit saisi, avant que ne naisse la dualité, avant le temps et son observateur : l'expérimentateur. Cet état de présence qui se vit en lui-même est l'expérience de la vie sacrée, l'expérience fondamentale de la vie ; c'est aussi ce que l'on nomme l'expérience de la nature de bouddha.

Cet état de présence ou d'éveil a une triple nature ou trois dimensions qui sont : l'ouverture, la clarté et la compassion. Ces trois dimensions sont concomitantes : la compassion est au cœur de l'ouverture, l'ouverture au cœur de la compassion ; et dans l'ouvert, l'énergie de la clarté opérant en elle-même, libre de tout blocage est la nature de la grande compassion, une sensibilité sans entrave. Cette expérience d'ouverture lucide et sensitive – ouverture, clarté, compassion – est l'état de présence qui se vit, ici, si nous nous sommes complètement relâchés, détendus, dans une lucidité dégagée, ouverte, libre de toute saisie. C'est là le cœur essentiel de ce que l'on nomme "méditation" ou "contemplation", mais que l'on peut aussi nommer "expérience profonde" ou "présence". L'état de présence est cette lucidité ouverte, ouverture lucide dont la qualité est sensitivité : la réceptivité-disponibilité de la grande compassion.

Le pratiquant découvre cette expérience de l'état de présence dans la simple contemplation, l'attention ouverte, la simple lucidité ; "simple" signifiant "sans saisie", "sans observateur" – simple vigilance, simple lucidité. Ce que l'on nomme "contemplation" ou "méditation", au sens ou nous venons d'en parler, est précisément cet état en lequel toutes les tensions de l'esprit se sont relâchées. C'est une pratique que l'on pourrait dire "d'a-tension", libre de tension, qui consiste à laisser l'esprit se détendre en se laissant partir, en laissant l'observateur partir dans une lucidité sans observateur, ouverte, sans centre ni périphérie. C'est aussi l'aspect essentiel de ce que l'on nomme en sanscrit *samadhi* : l'expérience profonde.

L'attention ou la vigilance justes sont subtiles. Il est en effet une attention et une vigilance de l'observateur et une attention-vigilance au-delà de l'observateur. La vigilance de l'observateur est en fait celle de la conscience habituelle nommée en sanscrit *vijnana*, et la vigilance avant l'observateur est la lucidité ou intelligence primordiale, *jnana*, qui est dite primordiale car elle est présente avant l'observateur qui vient après.
Notre expérience de conscience habituelle - ce que nous vivons maintenant - est en quelque sorte l'intelligence primordiale saisie ou possédée par l'observateur qui vient l'habiter. L'observateur se pose en posant son monde autour de lui, il naît dans une "prise de conscience" de la lucidité première. Dans une tension qui les opposent, la prise pose les deux pôles de la polarité : preneur-pris, observateur-observé. La lucidité première est le terrain fondamental que la saisie dualiste observateur-observé, c'est-à-dire la conscience, vient ainsi habiter, auquel elle vient se surimposer. Cette surimposition de la conscience habituelle à l'intelligence primordiale est un recouvrement, le voile ou le voilage de la conscience habituelle obscurcissant et déformant l'intelligence primordiale. Mais, bien que voilée, l'expérience primordiale reste présente et transparaît toujours au travers de la conscience. L'intelligence ou expérience primordiale reste présente en toile de fond, elle est au fond de la conscience, c'est même le fond de la conscience, celle-ci n'étant qu'une interprétation ou une re-présentation de ce fond. De plus, l'expérience que nous vivons est naturellement faite d'alternance de moments d'observateur et d'absence d'observateur. En effet, l'observateur naît ou émerge répétitivement, constamment, avec chaque saisie, chaque appropriation, dans chaque conception, mais aussi, et à notre insu, il disparaît dans l'intervalle, entre deux saisies ou prises de conscience. L'observateur est un curieux phénomène qui naît dans la conception, et qui meurt dans l'a-conception !
Ainsi vivons-nous des scénarios de conscience habituelle sur fond d'intelligence ou expérience primordiale, ou dit autrement, des expériences du samsara sur fond de nature de bouddha.

Au cœur de la pratique est ainsi la confiance absolue qui permet de lâcher l'observateur, de s'abandonner, et ainsi d'entrer dans la simple lucidité ouverte.

Le cœur de la "pratique méditative", si nous gardons ce terme, ou mieux de la contemplation et de son intégration dans la vie, consiste à faire confiance à l'intelligence primordiale, à l'état de présence, c'est-à-dire à entrer dans l'expérience profonde, primordiale de la vie sacrée en s'y laissant partir. Cette entrée ou ce départ demande de la confiance, une confiance fondamentale qui permet de se relâcher, de se détendre, de lâcher prise, de lâcher les tensions, les défenses, les fixations, les résistances.

L'ouverture lucide de l'état de présence se vit en se laissant partir dans l'ouvert, sans rien retenir, sans saisie aucune. En se relâchant, relaxant, dans l'absence d'observateur..., ça suffit. Passer en absence d'observateur peut se dire "se lâcher dans l'ouvert", "s'abandonner à l'ouvert", comme le dit le mantra de la prajnaparamita que l'on récite le matin : "Parti, parti, complètement parti, parfaitement parti : l'Éveil, ainsi".

Ainsi au cœur de la pratique est la confiance absolue qui permet de lâcher l'observateur, de s'abandonner, et d'entrer dans la simple lucidité ouverte. Pour celle ou celui qui en a la capacité, pas besoin de méditer des années, des mois et des jours : cette lucidité ouverte, l'état de présence, est déjà ici ; le reconnaître puis le cultiver et l'intégrer continûment est découvrir et réaliser l'insurpassable éveil.

© IKL

Shamatha-Vipashyana évolue vers Mahamudra Dzogchèn

Vous êtes familiers avec la pratique de Shamatha-Vipashyana, *chiné lhagtong* en tibétain, “rester tranquille et voir clairement”. Shamatha est “rester tranquille”, et Vipashyana “voir clairement”. Shamatha fait découvrir la possibilité de rester tranquille, de laisser l'esprit au repos, détendu, sans contrainte ni effort et Vipashyana est, dans cet état de repos, la vision claire du réel, “comment c'est fondamentalement”. Pratiquement, vous avez appris dans l'assise à rester tranquille en corps, en parole et en esprit.

Comme vous l'avez découvert, rester tranquille en corps et en parole ne pose guère de problèmes, mais rester tranquille en esprit est une autre question... Combien de temps l'esprit reste-t-il tranquille ? La difficulté ici, est que l'on ne peut pas faire quelque chose pour que l'esprit reste tranquille ; et même, plus on en fait, moins il reste tranquille. Plus on s'agite pour essayer que l'esprit reste tranquille, plus il y a d'agitation, c'est évident et c'est là un point très important. Il ne s'agit pas d'essayer d'apaiser son esprit par une opération de pacification, au sens où l'on agirait pour apaiser, pacifier. Non, rester tranquille s'accomplit dans le non-faire, il s'agit pour le mental agité d'apprendre à rester tranquille, d'apprendre à ne rien faire. Que le mental ne fasse rien, c'est en fait que “je ne fasse rien”. Il y a ainsi dans Shamatha un apprentissage du non-agir du mental, du non-agir de l'observateur, du sujet, de moi, de l'ego. Ce non faire, non agir, non-artifice, non-production, absence d'interférence, absence de contrainte, de fabrications mentale – ce sont là, à quelques nuances près, des synonymes – est le premier principe de Mahamudra.

En fait, l'approche peut être directe, immédiate : si l'on est d'emblée capable de lâcher l'observateur et de s'absenter en restant dans cette tranquillité toute simple, c'est parfait ! Notez que le meilleur moyen de rester vraiment tranquille est d'être absent. Pour être sûr de ne pas interférer avec une situation, le mieux est de ne pas être là ! Donc, rester tranquille se réalise dans une absence radicale de l'observateur, c'est suffisant ; mais, sauf à réaliser vraiment ce dont il s'agit – et cela est généralement difficile de prime abord –, on utilise d'abord la méthode qui cultive l'ouverture avec l'expiration, l'ouverture par la présence dans l'expansion naturelle de l'expiration. Dans l'expiration le souffle de la respiration se diffuse naturellement en un mouvement d'expansion et de dissolution dans l'espace total ; l'esprit, par son attention et sa présence, suit ce mouvement : il s'ouvre à l'espace et s'y dissout en une expérience sans centre ni périphérie, restant finalement suspendu "tel quel" dans la pause. Vous connaissez la pratique, ce n'est pas le propos de la reprendre maintenant en détail. Ainsi la pratique de Shamatha consiste à vivre la vigilance ou la présence au souffle avec cette attention particulière à l'expiration conduisant à l'expérience de l'espace ouvert et ce, à chaque respiration ; avec chaque respiration il y a un abandon de soi dans l'ouvert ; on se laisse partir, et entre chaque expir se vit une pause dans l'ouvert.

Shamatha et Vipashyana s'expérimentent conjointement dans l'expérience stable de la lucidité ouverte.

Si Shamatha est ne rien faire dans cette ouverture détendue, Vipashyana est la compréhension de l'état de Shamatha, la compréhension de l'état d'esprit absent dans le non-agir du mental. Pour Vipashyana, il peut aussi y avoir différentes approches, mais pour l'essentiel, c'est la compréhension de l'état d'ouverture. L'intelligence de l'ouverture est Vipashyana. C'est la compréhension de l'expérience de clarté-lucidité ouverte qui se comprend en elle-même.
Finalement Shamatha et Vipashyana s'expérimentent conjointement dans l'expérience stable de la lucidité ouverte ; en celle-ci, la stabilité est Shamatha et l'intelligence immédiate de la lucidité ouverte qui se comprend en elle-même est Vipashyana.

Notez bien que lorsque nous parlons de lucidité ouverte, l'ouverture dont il s'agit n'est pas un acte mental ; il ne s'agit pas d'imaginer de l'ouvert mentalement, d'imaginer de l'espace d'une façon ou d'une autre, quelle qu'elle soit.

L'ouverture est même précisément l'abandon du mental et de ses représentations, lorsque l'on se relâche dans la simple lucidité naturelle, laissant conceptions, fixations et toutes notions, fussent-elles d'ouverture ou de "comme ceci ou comme cela". C'est l'évanouissement de l'observateur dans un ouvert sans centre ni périphérie. C'est l'ultime relaxation de l'esprit. Il y a la relaxation du corps dans la posture et la vision panoramique ; la relaxation du souffle, de la respiration dans son état naturel, laissant respirer comme ça vient, sans que nous intervenions : ça respire naturellement. Dans la relaxation de ces différents aspects - corps, souffle, esprit - toute expérience est globale : vision, audition, sensation... se vivent alors simultanément. L'ouverture, lucide et claire, est pleine de l'expérience des sens, dans une synesthésie des sens.

On entend par synesthésie la superposition ou la synchronisation des sens dans une expérience globale. La synesthésie c'est entendre ce qui se voit, voir ce qui est entendu, toucher des yeux, sentir la lumière...vision, entente, toucher n'étant pas séparés. C'est une expérience de participation, d'empathie pleine et totale, qui se vit par et dans tous les sens simultanément. L'expérience forme alors un tout, elle est globale, sans que l'observateur de la conscience ne regarde par la fenêtre des yeux, des oreilles ou d'un autre sens. C'est l'expérience avant l'emprise d'un sens particulier ; ce qui fait aussi que l'on peut en parler de façon paradoxale. Cette expérience globale se vit dans la simple lucidité de l'ouverture.

PRATIQUE GUIDÉE

Au départ de cette retraite, je voudrais que nous essayions de sentir dans l'expérience ce que signifie "incorporer les sens" et le caractère fondamental de cette incorporation. La pratique de Mahamudra-Dzogchèn peut se dire comme une pratique d'incorporation des sens. Il ne s'agit pas de s'abstraire des sens, de se couper des sens, mais bien au contraire de les incorporer, de faire corps avec leur expérience. Les sens ne sont pas un obstacle, l'obstacle est la relation au sens. L'obstacle est l'orientation que l'observateur introduit dans les sens. L'obstacle au lâcher, à la 'dé-saisie', est l'attachement aux expériences sensorielles, la saisie des objets des sens. Il est fondamental de comprendre que l'expérience profonde est aux antipodes d'un retrait des sens ; il ne s'agit pas de partir dans un état insensible, désincarné, dans un ailleurs surnaturel, ou quoi que ce soit. Il s'agit d'entrer dans le corps de l'expérience des sens, d'entrer dans la chair des sens, dans la chair de l'expérience, de faire corps avec l'expérience des sens, de s'incarner dans la chair des sens, de vivre en incorporant totalement l'expérience des sens.

C'est dans le lâcher, la 'dé-saisie' fondamentale que se réalise cette incorporation de l'expérience des sens. L'incorporation s'accomplit naturellement dans l'état de non-fixation, c'est-à-dire dans l'absence de saisie, d'appropriation, et aussi, somme toute, de conception. L'incorporation est l'expérience de participation, de communion, sans la barrière ou le voile que la saisie habituelle crée entre ici et là, moi et l'autre. L'incorporation est aussi tout simplement la contemplation, nue et silencieuse, de la nature.

Il s'agit d'entrer dans le corps de l'expérience des sens, d'entrer dans la chair des sens, dans la chair de l'expérience.

Nous vivons habituellement dans un monde humain, tout humain et rien qu'humain, dans un monde fait de formes, de noms et de représentations qui ne sont qu'humains. Et en vivant dans ce monde artificiel qui n'est finalement plus fait que de représentations humaines, nous nous sommes coupés de la nature, nous nous sommes exilés de la nature, qui est notre nature. La nature, c'est notre nature ! Nous nous sommes séparés de notre nature en nous enfermant dans une bulle de représentations issue du mental humain, et cette séparation d'avec notre nature est un exil. De cet état d'exil, nous aspirons à rentrer à la maison, dans notre chez-soi fondamental, en le chez nous de notre Refuge fondamental. Entrer en Refuge – ce que nous faisons au début de chaque session de pratique – c'est rentrer dans sa patrie, matrie, retourner à la terre des Ancêtres. Dans notre situation de coupure et d'exil, avec tous les maux qui en procèdent, c'est se tourner vers le Refuge fondamental qu'est l'état primordial, l'état d'éveil, l'état de présence qui est l'état de notre nature véritable. Cette nature primordiale est exprimée dans son caractère non dualiste par nos Père-Mère fondamentaux. Ce sont *Samantabhadra* et *Samantabhadri*, ou *Vajradhara* et *Dathusvara* en union.

Ensuite, pendant la session, l'important est l'expérience des sens sans saisie. Il ne s'agit pas du tout d'essayer d'arrêter les pensées ou les conceptions, mais de découvrir comment se laisser aller dans les sens, comment s'y abandonner, s'y laisser partir ; partir au sens de *Gaté gaté paragaté parasamgaté bodhi svaha.* Se laissant ainsi partir, on est un avec les sens, un en les sens, un sans deux.

Je vous invite maintenant à un moment de contemplation silencieuse et sensuelle de la nature. Nous allons sortir goûter une expérience silencieuse de contemplation de la nature, une expérience d'ouverture ; pas d'ouverture abstraite ou mentale au sens où l'on s'imaginerait un espace abstrait ouvert, mais d'ouverture des sens, d'ouverture aux sens, sans blocage. C'est l'entrée dans une expérience de participation, de fusion, sans séparation. Nous allons simplement nous relâcher complètement et nous laisser entrer dans l'expérience des sens, de tous les sens. Nous nous y laisserons partir, et laisserons être.

Entrer en Refuge, c'est rentrer dans sa patrie, matrie, retourner à la terre des Ancêtres.

Nous allons partir goûter cette expérience d'ouverture, sans blocage, dans la nature. Nous commencerons par une méditation marchée, une marche méditative que l'on peut dire pèlerinage. Nous allons marcher dans la présence faisant ainsi un pèlerinage en terre sainte, en terre saine, dans le terrain sain qu'est le fond de l'expérience des sens. Le sain – sans "t", santé – est ici. Nous n'allons pas quelque part, nous sommes déjà arrivés. Simplement nous nous détendons, nous nous abandonnons, nous nous laissons partir : *Gaté gaté...* dans l'expérience d'ouverture. Nous sommes la marche, présents, les pieds bien en contact avec la terre et l'esprit tout ouvert comme le ciel. Ça marche, entre terre et ciel. Allons jusqu'aux oliviers, et sous les oliviers, nous trouverons l'ombre douce et un parterre d'herbe tendre pour nous y asseoir quelque temps. Le gong ponctuera notre marche de pauses.
(Gong, marche.../.../...Gong, assise)
Bien assis, nous respirons naturellement, doucement, profondément, dans la clarté de la luminosité, la chaleur, le soleil, l'air, son souffle ; nous respirons l'espace, la terre et le ciel.
(silence...)
Je vous propose de contempler le ciel /... /
Relâchez-vous en contemplant le ciel dans un regard panoramique, laissez-vous partir dans l'espace, ne vous retenez pas, abandonnez-vous complètement dans cette expérience... L'espace et l'esprit fusionnent, vous vous laissez partir dans une lucidité globale, totale.
Dans cette détente, l'espace devient brillant, comme flamboyant ; et il apparaît dans le ciel plein de petits points lumineux comme des petits diamants qui tournoient et virevoltent. Vous restez complètement détendus, relâchés, dans cette expérience.

(silence...)
On reste ainsi, l'esprit et le ciel ensemble, ouvert comme le ciel, faisant corps avec l'espace. Et ça respire naturellement ; le corps, le cœur, le ciel et la terre respirent ensemble.
(silence...)
On reste relâché, abandonné, dans cette expérience de présence globale du ciel et de la terre.
(silence...)
Et cette présence respire, respire en soi, naturellement.
(silence...)
C'est l'expérience de base.
(silence...)

QUESTIONS / RÉPONSES

▪ Y a-t-il une différence entre Mahamudra et Dzogchèn ?

Il pourrait y avoir bien des façons de vous répondre mais j'utiliserai une image, celle que Kalou Rimpotché utilisa une fois, il y a longtemps, lorsque je lui ai posé la même question. Il me dit : “Par exemple, quand vous contemplez le ciel et que vous y voyez les petits diamants virevoltants, l'ouverture du ciel est Dzogchèn et les petits diamants scintillants sont Mahamudra.” On pourrait d'ailleurs aussi utiliser l'image dans l'autre sens, l'ouverture et la clarté étant naturellement indifférenciées. Ce qui est d'abord important est de comprendre que ce sont deux noms pour l'ultime expérience de la nature de l'esprit-expérience, deux noms aussi pour l'état d'éveil. Il y a bien sûr quelques variations dans les présentations et il y a des lignées différentes, mais l'expérience centrale est la même : c'est l'état de présence.

▪ Dans notre cercle d'échange, nous nous sommes interrogés sur les effets de la méditation, parmi lesquels un état de paix et d'une façon générale, de bien-être ; et surtout avec la crainte que ces expériences agréables développent différentes formes d'attachement ?

Lorsque vous découvrez la pratique assise qui est, comme vous le disiez, un état de paix et de bien-être, c'est excellent, bravo ! C'est une bonne nouvelle. Cette découverte est un encouragement, un signe d'espoir, un indice ou une confirmation de la réalité d'un état de bien-être, de paix et de bonheur naturels. Maintenant, il est effectivement possible de s'attacher à ces états ; on peut s'attacher à la paix, on peut s'attacher au bonheur, au bien-être, essayer de les induire, de retrouver les circonstances dans lesquelles ils furent éprouvés. Ces tentatives d'induction sont des formes subtiles d'attachement, qui deviennent des obstacles. C'est ce qui fait naître dans ce qu'on appelle des “états divins”, des états d'expérience ou de conscience divine ; ce sont des états paisibles et bienheureux, mais aussi des états d'auto-absorption. Ce sont des états samsariques, dualistes, et s'y complaire est s'attacher à un état conditionné ; c'est une forme d'aliénation.
L'attachement est toujours un obstacle. Ces bonnes expériences - cette paix et ce bien-être - il s'agit de les vivre sans s'y attacher, sans se fixer dessus et sans essayer de les reproduire. Il s'agit de rester tout simplement dans l'état naturel d'ouverture et de non-fixation, de rester dans l'expérience profonde d'absence d'observateur, de fabricant. L'absence de l'observateur, c'est aussi l'absence de “celui” ou de “ce” qui juge, qui évalue, qui commente. On laisse faire, laisse être..., comme ça vient, spontanément, sans interférence ni ingérence aucune. C'est le principe du non-agir, du non-artifice, de la non-intervention, non-fabrication.
Il s'agit d'être, comme le dit la formule traditionnelle, “sans espoir et sans crainte”; sans espoir ou attente qu'une expérience arrive et reste, et sans crainte qu'elle ne vienne pas ni déception lorsqu'elle disparaît.

▫ Que faire avec les émotions ?

Le remède fondamental si l'on en est capable consiste à les vivre complètement détendu dans l'ouvert, l'observateur restant décroché. C'est l'auto-libération, c'est parfait et ça suffit ! Mais si cela semble abstrait ou difficile à pratiquer - surtout lorsque l'on est dans un accès de colère, complètement polarisé - d'autres approches sont possibles, associées à la respiration, à une réflexion, associées aussi, certaines fois, à une imagination..., ou même à un exercice physique. Il y a différentes pratiques, mais leur propos ou fonction est toujours identique : libérer l'émotion en libérant la fixation sur celle-ci. Une émotion sans fixation n'est pas un problème : c'est même une émotion saine, une bonne émotion ; une émotion d'empathie, de participation. C'est une expression d'éveil et de sagesse.

◘ Il est curieux de penser que le mental puisse être non-dualiste...

Le mental n'est pas toujours dualiste, il peut être relationnel, discursif et dualiste, ou être immédiat et non dualiste. Le mental relationnel et discursif est la situation du penseur qui discute avec sa pensée alors que le mental immédiat est la pensée sans penseur. Comme l'esprit observateur peut incorporer les cinq sens externes, pareillement, l'observateur, le penseur, peut incorporer le mental, ce qui se réalise tout simplement en laissant le mental en lui-même, sans interférence ni ingérence : penseur absent. C'est le sens du non-agir du mental, de la non-fabrication, ou du non-artifice, l'un des trois principes fondamentaux de Mahamudra. L'intelligence mentale a une capacité à se comprendre en elle-même, à se comprendre en soi. Dit d'une autre façon : nous n'avons pas besoin de nous dire à nous-même ce que nous savons déjà ; nous n'avons pas besoin de nous énoncer dans le discours de la pensée discursive ce que notre intelligence sait déjà, puisqu'elle l'énonce ! Est-ce que cela se comprend ? C'est très simple. Pour utiliser une image moderne d'informatique, le mental immédiat serait une sorte d'accès direct à la mémoire centrale sans passer par l'affichage écran qui est ici une métaphore pour le mental discursif ou réfléchi. Dans le mental immédiat c'est même beaucoup plus car l'information est capable de se comprendre en elle-même directement ! C'est *rangrig rangsel*, "la lucidité auto-connaissante", l'intelligence en soi, la compréhension en soi expérimentée au niveau du mental ; c'est une intelligence qui se comprend en elle-même et c'est aussi le sens de *rigpa* en tibétain.

Mahamudra-Dzogchèn

Présentation

Intégration

Réalisation

© IKL

Si dans la présentation de Mahamudra-Dzogchèn nous mettons l'accent sur les sens, c'est que nous avons en général une très forte tendance à être coupés de notre sensorialité. La pratique essentielle de Mahamudra-Dzogchèn demande de se relâcher, de relâcher le mental. Plutôt que de percher dans sa tête comme nous avons tendance à le faire habituellement, il s'agit de se laisser tomber, de descendre dans le corps en intégrant toute l'expérience sensorielle. C'est un aspect de ce qui se nomme en tibétain rangbap. *Rang* c'est soi, et *bap* c'est tomber. *Rangbap*, c'est se laisser tomber, laisser tomber le mental que l'on est dans l'expérience des sens, c'est lâcher les fixations du mental, toutes les tensions, et les blocages, en entrant dans l'expérience des sens, dans la présence immédiate.

L'esprit ordinaire est l'esprit naturel, libre d'artifice, libre de méditation et de toute fabrication du mental.

Rangbap est aussi synonyme de *thamèl gui shépa*. *Thamèl gui shépa* se traduit en anglais par ordinary mind, "esprit ordinaire" ; *thamèl* signifie ordinaire et *shépa* a le sens d'esprit, c'est l'esprit comme expérience ou cognition. *Thamèl gui shépa*, c'est l'expérience ordinaire, ou la cognition ordinaire. Attention ! Ordinaire ne signifie pas ici vulgaire au sens d'habituel. Ordinaire a le sens de ce qui est dans l'ordre naturel, fondamental. Par l'étymologie, vous entendez que dans "ordinaire" il y a "ordre" ; mais l'ordre dont il s'agit ici est l'ordre naturel, l'harmonie fondamentale. L'esprit ordinaire est l'esprit naturel, libre d'artifice, libre de méditation et de toute fabrication du mental. C'est l'esprit "tel quel", tel qu'il est en lui-même, tel qu'il se présente, brut, sans retouche. "Tel quel" est aussi une façon de traduire le sens de *rangbap*.

Ainsi *thamèl gui shépa*, l'expérience ordinaire, la cognition ordinaire est aussi l'état de rangbap. C'est l'expérience ordinaire des sens lorsque celle-ci est 'dé-saisie', libre d'appropriation mentale. Dit autrement et simplement, c'est "notre" expérience lorsque nous ne sommes pas dans celle-ci. C'est ici-maintenant sans moi comme observateur.

Rangbap, ou *thamèl gui shépa*, est aussi la présence d'instantanéité, *datar gui shépa*, l'état de présence ; c'est l'expérience centrale aussi bien dans les présentations de Mahamudra que de Dzogchèn.

Dans l'introduction à Mahamudra-Dzogchèn, il s'agit d'abord de découvrir cette expérience d'esprit ordinaire, d'état de présence. Le Lama nous la présente et on la reconnaît. Le Lama fait les présentations. L'expérience de *thamèl gui shépa* c'est être présenté à soi-même, à ce que l'on est déjà.

Ainsi il y a d'abord la présentation, puis il s'agit ensuite de cultiver cette expérience qui est celle de la vie fondamentale ; on apprend à y rester, à l'intégrer, de sorte qu'elle devienne de plus en plus celle de notre vie quotidienne, quoi que l'on fasse et où que l'on soit. C'est ce qui est nommé "l'intégration". Et finalement lorsque l'intégration est absolue – c'est-à-dire lorsqu'il n'est plus rien qui lui soit autre : que toute la vie est devenue cette expérience, l'état de présence – c'est la réalisation.

Aussi bien dans les traditions de Mahamudra que de Dzogchèn, des phases de pratique se succèdent :
Dans la présentation de Mahamudra, il y a d'abord *chiné* et *lhagtong*. Le véritable *chiné* du Mahamudra que l'on pourrait nommer *Mahashamatha* est le repos de l'esprit dans l'état de *rangbap*. Et *lhagtong* est l'intelligence de la réalité qui habite et se comprend en cet état. La pratique de Mahamudra, à proprement parler, est la conjonction de *chiné* et *lhagtong*, la stabilité de l'intelligence immédiate, la continuité de *rigpa*.
Dans ce contexte la pratique de Mahamudra comprend quatre étapes d'union ou d'unification, ce sont les quatre yoga du Mahamudra. Lorsque l'état de *rangbap-thamèl gui shépa*, l'état de présence est vraiment reconnu dans l'expérience, au-delà de tout doute, de façon certaine, c'est le début de la première phase d'union ou du premier yoga.
Ce premier yoga est nommé *tsétchik*, "absorption unique" dans l'état de présence. L'absorption unique en cet état consiste à cultiver et vivre cet état en toute situation. Lorsqu'il est devenu stable, qu'il est une expérience continuelle, se maintenant en toutes circonstances et ce, quoi que l'on fasse, c'est le stade supérieur de ce premier yoga qui comme les suivant comprend trois sous divisions. C'est ce qui est nommé en tibétain *tsétchik tchenpo*. Le deuxième yoga est nommé *threudrèl*, "simplicité" ou "au-delà de tout concept". C'est la réalisation qu'il n'y a rien à rajouter à l'état de présence, qu'il est parfait, spontané et libre en soi.
Le troisième yoga se nomme *rotchik* "saveur unique": toute la vie a la saveur de l'expérience d'éveil. Le quatrième yoga se nomme *gome mé*. C'est l'absence même de méditant, de méditation et de médité. C'est l'épuisement ultime de toute dualité.

La présentation de Dzogchèn est symétrique à celle de Mahamudra. Elle a aussi deux phases, la première se nomme *trèktcheu*, "couper court", couper court au mental, "trancher" sans donner suite ; la deuxième se nomme *theuguèl*, "traversée directe" ou "passage immédiat". Ces deux phases peuvent être mises en parallèle avec *chiné* et *lhagtong* du Mahamudra.
Trèktcheu est l'expérience primordiale, nue et brute, l'état de présence, *rangbap, thamèl gui shépa* comme nous en avons déjà parlé. *Theuguèl* comprend aussi quatre phases qui sont quatre visions, quatre expériences de clarté, de claire

lumière : la première se nomme "vision de la réalité en soi" ou "l'évidence de *dharmata*", *tcheunyid ngeunsoum* en tibétain. La deuxième est dite "amplification de l'expérience", *nyam gonpèl*. La troisième est "l'immédiateté arrivée à perfection", *rigpa thséphèb*, c'est l'intelligence ou l'expérience de l'immédiateté parfaite. Et la quatrième est "l'épuisement même de l'expérience de réalité" *tcheunyi zépèï nangoua* ; c'est-à-dire que l'expérience qui s'était développée disparaît au-delà de l'expérience, de l'expérimentateur ; c'est l'épuisement final de tout phénomène et de toute conception.

L'expérience primordiale de l'état de présence est difficile à reconnaître tant elle est proche, difficile à croire tant elle est simple, et difficile à intégrer dans la vie.

Les phases finales de la quatrième étape, dans Dzogchèn et dans Mahamudra, c'est-à-dire la réalisation de t*cheunyi zépè nangoua* et le stade supérieur de *gom mé*, sont la même ultime réalisation qui est celle de l'état de parfait bouddha.

Tradition et transmission sont globalement synonymes : une transmission transmet une inspiration, un courant d'éveil, une influence spirituelle, avec la lettre et l'esprit d'une tradition ; la transmission se vit dans le corps, la parole et l'esprit d'une tradition. Une transmission véritable implique une relation inter personnelle, celle d'un apprentissage, on pourrait dire aussi "formation". De génération en génération, dans une filiation ininterrompue, l'expérience primordiale, de santé fondamentale, s'est passée, s'est transmise de maître à disciple. Cette expérience primordiale, comme nous l'avons déjà évoqué, est avant les noms et les formes, et avant toutes les particularités religieuses ou philosophiques. C'est l'expérience de la terre primordiale, la terre sacrée ; qui est la terre des Ancêtres. C'est particulièrement l'expérience de tous les grands Ancêtres de la lignée qui nous ont précédés et dont nous héritons dans la transmission. Il y a ainsi un héritage, mais l'héritage n'est pas quelque chose que l'on reçoit pour le posséder, c'est quelque chose que l'on devient en se dépossédant.

Le cœur de la transmission de Mahamudra-Dzogchèn, l'expérience primordiale de l'état de présence est difficile à reconnaître tant elle est proche, difficile à croire tant elle est simple, et difficile à intégrer dans la vie. Non pas qu'elle soit compliquée, au contraire, mais parce que nous sommes compliqués. Et pour quelqu'un de compliqué, rien n'est plus difficile que la simplicité ! Pour que dans toute sa réalité et sa profondeur cette expérience puisse être transmise, il est nécessaire qu'il y ait une relation étroite de personne à personne, une passation, une inspiration, un exemple personnel, on pourrait aussi presque dire une contamination ; la santé fondamentale, l'éveil sont en effet contagieux ! Ce contact personnel est la lignée de transmission dans sa continuité et avec le rattachement qu'elle implique.

La lignée de transmission est associée à la notion de rattachement, de connexion, il s'agit d'être connecté, branché. S'il n'y a pas de contact, l'énergie ne passe pas. Pour prendre un exemple la lignée est comme un fil électrique, il doit être continu, sans discontinuité pour que le courant passe, que l'énergie soit transmise ; si deux fils ne sont pas bien ligaturés, l'électricité ne passe pas et la lampe de l'esprit ne s'illuminera pas.
Donc, il y a traditionnellement des préparations qui développent cette connexion et rendent possible la pleine transmission de cette expérience. Ce n'est pas qu'elle ne soit pas transmissible sans ces préparations, mais c'est plutôt que ces préparations développent la réceptivité. Elles établissent la connexion avec la lignée, et la liaison forte ainsi établie pose la possibilité d'une transmission authentique et effective.

Vous êtes ici quelques anciens, et ceux qui en ont l'aspiration peuvent considérer de commencer la pratique des préparations, les *Ngeundros*, comme ils sont nommés en tibétain. Il y a de petites variantes, dans différentes approches, mais grosso modo, ils ont quatre, cinq ou six étapes.
La façon dont nous pratiquons les *Ngeundros* comprend six étapes :

– La première pratique préliminaire est une l'entrée particulière en Refuge, avec des prosternations dans la présence de tous les grands Ancêtres de la lignée résumés dans la personne du Lama source. La pratique se fait aussi certaine fois avec l'arbre du Refuge. L'arbre est un symbole aussi vieux que le monde, il est le lien entre le ciel et la terre. Les branches de l'arbre se déploient dans l'espace, et ses racinesdiffusent profondément en la terre. Il est enraciné dans le ciel et plonge dans la terre. C'est aussi une croix en trois dimensions marquant l'axe central du ciel et de la terre et les quatre orients. Toute l'arborescence avec ses différents rameaux est constituée par les ramifications des lignées des Ancêtres de la lignée. En général, on met simplement les principaux représentants de la lignée ; ils sont comme les feuilles de l'arbre. L'arbre du

Refuge résume la présence de tous les aspects du Refuge. La pratique nous connecte avec la terre des Ancêtres qu'exprime cet arbre. Cette connexion se développe et se vit progressivement ; c'est aussi pour cela qu'il y a différentes pratiques préliminaires.

- La deuxième pratique préliminaire est une pratique spéciale de Bodhicitta, d'éveil du cœur et de l'esprit.

- La troisième est une pratique de dévoilement, de purification, avec Vajrasattva, le Bouddha de la pureté primordiale.

- La quatrième est une forme d'offrande universelle, de don de tout ce qui est moi et mien, dans la pratique du Mandala.

- La cinquième est une pratique spéciale de dissolution des voiles et des obstacles avec l'expérience de "A".

- Et la sixième est le Yoga du Lama. "Lama" a le sens de Père-Mère, le Lama est le Père-Mère universel : *Samantabhadra-Samantabhadri, Vajradhara-Dhatusvara.* Le Lama est aussi sur la voie notre Père-Mère spirituel, celui dont nous sommes l'enfant en ce sens , et qui est pour nous la source de la transmission.

Dans le Yoga du Lama, le Lama personne physique et le Lama universel sont dans une position de transparence réciproque, c'est-à-dire que l'un est dans l'autre. La pratique du yoga du Lama établit la connexion, le lien particulier permettant que la passation, la transmission, se fasse pleinement et de façon efficace.

Dans le yoga du Lama, le Lama personne physique et le Lama universel sont dans une position de transparence réciproque, c'est-à-dire que l'un est dans l'autre.

Ces préliminaires, ces préparations, sont fondamentales. En effet le point important n'est pas de recevoir la transmission de Mahamudra-Dzogchèn, mais d'être capable de la pratiquer vraiment en ayant la réceptivité qui rend apte à la pratiquer convenablement. Autrement, rien n'est réalisé et peu importe tous les enseignements et transmissions que l'on peut recevoir. Si le terrain est bien préparé, la graine prend et donne de bons fruits ; si le terrain n'est pas préparé suffisamment pour être rendu fertile, peu importe la qualité de la graine semée : aucune semence ne germe et rien ne pousse.

Si l'on a une réceptivité de surdoué, on peut donc tout de suite entrer dans le cœur de la pratique de Mahamudra-Dzogchèn ; autrement ces préparations sont indispensables. La façon de faire, que nous suivons à la suite de Khyabdjé Kalou Rimpotché, est de présenter d'emblée le cœur de Mahamudra-Dzogchèn - comprenne qui peut ! et ainsi les surdoués ne sont pas brimés - et en même temps de proposer des étapes ; celles-ci permettent à ceux qui ont une réceptivité normale ou moindre de devenir des réceptacles adéquats à la transmission et à sa réalisation. Tous peuvent ainsi être aidés, chacun selon ses besoins.

QUESTIONS / RÉPONSES

▫ Comment se fait-il qu'il y ait des maîtres tibétains qui excluent systématiquement la méditation sans support ?

C'est une question de pédagogie. La méditation sans support est plus difficile et plus subtile ; il y a des approches graduelles et d'autres immédiates. Certains enseignants préfèrent n'enseigner qu'une approche très graduelle, mais en général il y a toujours un dosage entre les deux.

Mahamudra-Dzogchèn est le cœur quintessentiel de tous les enseignements du Bouddha. Si l'on a une super-réceptivité, si l'on est surdoué, cette seule pratique est parfaite et peut suffire. Mais il est généralement utile et nécessaire d'avoir des points d'appuis. Les points d'appuis bien utilisés sont alors une aide, et ils se dissolvent finalement dans l'expérience de “point d'appui”: l'absence d'appui, de support, le non-appui. Les appuis sont des béquilles ; c'est très utile quand on est dans le besoin, mais temporairement. Il y a problème si l'appui devient l'ordinaire, si marcher devient béquiller, et encore plus si l'on excluait la marche pour toujours béquiller.

▫ D'après un maître Dzogchèn que vous connaissez très bien - Namkhaï Norbou - le Dzogchèn est une pratique au même titre que le bouddhisme et le bön.

Personnellement je souscris complètement à la vision de Chögyal Norbou Rimpotché. L'état de présence - qui est le cœur de Dzogchèn et de Mahamudra - est finalement commun à toutes les traditions authentiques et complètes. Dans la tradition bön en particulier, il est un Dzogchèn, comme dans le Dharma ; et il est bien difficile de savoir où commence le Dzogchèn bouddhiste et où s'arrête le Dzogchèn bönpo. Cela va même plus loin : l'état de présence est, je le répète, au cœur de toutes les traditions authentiques et complètes, parmi lesquelles il faudrait aussi compter nombre de traditions primordiales. L'état de présence est universel, il est avant les religions, quelles qu'elles soient ; il en constitue l'essence et lorsqu'elles sont authentiques, il est à la fois leur origine et leur destination. Dzogchèn ou Mahamudra peuvent constituer une voie en elles-mêmes.

> *L'état de présence est au cœur de toutes les traditions authentiques et complètes parmi lesquelles il faudrait aussi compter nombre de traditions primordiales.*

◘ Dans Mahâmudra, "l'auto libération" est elle la même que dans le Dzogchèn ?

Auto-libération, *rangdreul* en tibétain est un terme qui est commun à la terminologie de Mahamudra et de Dzogchèn. Auto-libération signifie que "cela se libère de soi-même", et aussi que "c'est libre en soi". L'auto libération se réalise dans la non-méditation, l'absence de méditation, qui est l'absence d'un esprit qui médite pour libérer quelque chose, d'une façon ou d'une autre. La tentative de libération est finalement une aliénation. L'auto libération est non-méditation. C'est d'ailleurs le deuxième principe de la pratique de Mahamudra: "*migom*", la non-méditation. Nous avons vu le premier tout à l'heure : "*matcheu*", l'absence de contrainte, d'artifice ou de fabrication mentale. Le troisième est la non-distraction, "*mayèn*", c'est-à-dire l'intégration des deux premiers.

Les termes en italique sont déclinés en :

- translittération du tibétain en alphabet

- prononciation du tibétain

- prononciation du sanscrit

- **Bodhisattva** : *byang chub sems dpa'*, un être recherchant l'éveil avec la motivation de bodhicitta, c'est-à-dire afin de libérer tous les autres êtres de la confusion et de l'ignorance.

- **Dhyana** : en tibétain *bsam gtan*, littéralement "pensée stable", stabilité mentale, état dans lequel l'esprit peut demeurer sans distraction sur un objet.

- **Eveil** : *byang chub*, dissolution complète de tous les aspects négatifs de l'esprit et épanouissement de toutes les qualités positives.

- **Ignorance** : *ma rig pa*, la racine de l'existence cyclique (samsara) est la non-réalisation de la vraie nature de l'esprit et de tous les phénomènes. C'est une expérience voilée par les habitudes mentales, la pensée discursive et la souffrance.

- **Mahamudra-Dzogchèn** : en tibétain, *Mahamudra* veut dire le grand sceau ou le grand symbole, l'image fait référence à l'expérience de Mahamudra en laquelle tous les phénomènes, tant du samsara que du nirvana, sont essentiellement vides. C'est la nature ultime de tous les phénomènes ainsi que la façon d'approcher cette nature.

  Dzogchèn, terme tibétain, signifie la grande perfection. Ce sont les enseignements les plus profonds de l'école Nyingma du bouddhisme tibétain.

  Fondamentalement ce sont deux noms pour la même expérience. Simplement différentes lignées emploient des méthodes d'enseignement variant légèrement, mais conduisant à la même réalisation.

- **Mahayana** : *theg pa tchen po*, le Grand Véhicule, la voie ouverte; l'approche du Dharma qui met l'accent sur la compassion pour tous les êtres vivants.

- **Méditation** : *(Sans. : bhâvanâ / Tib. : sgopa)*. Terme générique désignant un ensemble d'exercices de l'esprit et d'états spirituels développés grâce à ces pratiques. En sanscrit, *bhàvanà* peut être rendu par "culture", dans le sens d'une préparation ou d'un développement mental. En tibétain, *sgom* est à rapprocher de *goms (Sans. : abhyâsa)* qui signifie "s'habituer", d'où le proverbe tibétain *"sgompa mayin gomspa yin"* ("il n'existe pas de méditation en tant que telle, seulement le fait de s'habituer") qui signifie bien que méditer est un processus, un entraînement de l'esprit et non une fin en soi.

  Il existe toutes sortes de méditations, dont certaines appartiennent à des voies qui ne font pas partie du bouddhisme. La méditation bouddhique peut être définie comme une pratique ou un processus spirituel où le pratiquant se tourne vers l'intérieur, faisant appel à différentes techniques d'unification des trois portes (posture, respiration, attention), Ces méthodes visent à dissiper progressivement les états d'esprit grossiers perturbés par les passions et la discursivité, afin de parcourir les stades de recueillement qui mènent vers l'Eveil ultime.

- Le terme **samadhi** *(Tib. : ting nge 'dzin)* désigne habituellement un état de méditation profond que l'on peut traduire par "recueillement", "absorption méditative" ou "stabilisation méditative". Il implique la capacité de demeurer pendant un temps variable l'esprit concentré sur un seul point, sans vaciller ni tomber sous l'emprise des passions et des pensées discursives. Cette faculté fait partie des cinq facteurs mentaux déterminants, mais elle se développe par l'exercice de la méditation.

  Techniquement, le samadhi comprend d'une part la méditation du calme mental *(Sans. : Shamatha / Tib. : zhi gnas)* où l'on s'entraîne à apaiser les turbulences de l'esprit, et la méditation de la vision pénétrante *(Sans. : Vipashyana / Tib. : lhag mthong)* où l'on pénètre la véritable nature des phénomènes en développant la connaissance suprême *(Sans. : prajna)*.

- Le terme sanscrit **dhyana** *(Tib. : bsamgtan / Chin. : chan/Jap. : zen)*, traduit par "absorption" ou "concentration", désigne des états de recueillement résultant du samadhi. On distingue quatre dhyana.

- Enfin, le terme **samapatti** *(Tib. : snyoms par'jug pa)*, "entrée dans l'égalité", "égalisation" ou "contemplation", désigne plusieurs stades méditatifs : les quatre dhyana, les contemplations des quatre sphères du sans-forme et la cessation. Les quatre dhyana de la forme et les quatre samapatti du sans-forme ne sont pas en soi libérateurs du point de vue bouddhiste. S'ils ne s'accompagnent pas du développement de la prajna grâce à la pratique de Vipashyana, ils ne font que mener à des renaissances divines. C'est donc la méditation analytique sur les phénomènes et la réalisation directe de l'inexistence du soi et de l'insubstantialité des phénomènes par prajna - ou sagesse - qui caractérisent une voie méditative bouddhique authentique, capable d'affranchir le pratiquant du samsara.

Dans le Chan / Zen, la méditation assise est conçue comme un dhyana où prajna est nécessairement présente. Elle n'est cependant pas vécue comme un processus progressif mais comme l'expression même de l'Eveil à tout instant de la pratique.

Au Tibet, dans le Mahamudra des Kagyupa, l'approche consiste à maîtriser Shamatha, le calme mental, puis Vipashyana, la vision supérieure, et à les unir indissolublement pour enfin reconnaître la nature ultime de l'esprit, au-delà de tout concept.

Dans le Dzogchèn, la méditation consiste à demeurer directement dans l'état de rigpa, la présence éveillée vide et lumineuse, au-delà de l'esprit conceptuel et dualiste. Elle dépend de la reconnaissance préalable de rigpa, qui a été présenté par le maître. Ici, la méditation n'est pas un processus engageant l'esprit ordinaire *(Tib. : sems)* mais le fait même de reposer dans la nature ultime de l'esprit.

- **Rigpa** *(Tib. rig pa)* Ce terme, qui signifie habituellement " savoir " ou " intelligence " en tibétain *(Sans. : vidyà)*, a un sens bien spécifique dans le Dzogchèn. Il désigne le mode d'être originel *(Tib. : gdod ma'i gnas lugs)*, la nature de bouddha en chacun des êtres. En particulier, il faut bien distinguer rigpa de l'esprit ordinaire *(Tib. sems)*.

  L'esprit habituel, qui comprend les huit consciences, est l'esprit dualiste confus et tourbillonnant, jouet de

§

l'illusion et producteur de confusion. Il est constitué d'une trame d'impulsions momentanées de pensées et de passions et sa nature est vacuité. Découvrir la nature de l'esprit *(Tib. : sems nyid)*, c'est découvrir sa vacuité, son absence d'être en soi. Mais lors de la dissolution de l'esprit habituel, entre deux pensées, se manifeste une présence vide et lumineuse, sans objet, qui transcende tout ce qui appartient au domaine de la pensée. Rigpa désigne cette Base primordiale qui est incomposée, à la fois vacuité et luminosité.

On la dit difficile à découvrir parce qu'elle est trop proche de nous, trop simple et trop profonde, au-delà de l'appréhension de l'esprit ordinaire. Le maître, à travers des moyens appropriés, permet à l'étudiant d'en faire l'expérience directe, lors de la présentation à rigpa. Parmi les synonymes de rigpa, citons "sagesse née d'elle-même" *(Tib. : rangbyung ye shes)*, "état naturel" ou "mode d'être originel" *(Tib. : gdod ma'i gnas-lugs)*, "bodhicitta" *(Tib. : byang-chub seins)* dans le Semdé et "conscience de l'ordinaire" *(Tib. : tha mal gyi shes pa)* dans le Mahamudra des Kagyupa.

■ **Samsara** *(Sans.) 'khor ba :* le cycle des existences conditionnées. Il ne s'agit nullement de lieux dans l'univers où vivraient des êtres, mais d'états d'existence successifs conditionnés par l'ignorance et le karma subséquent, où règnent la souffrance et la frustration à des degrés plus ou moins aigus. Le samsara, dont la traduction tibétaine *(khor ba)* signifie à peu près "cercle vicieux", se caractérise par une suite de renaissances au sein de différents domaines et conditions d'existence, au gré de la rétribution des actes accomplis par l'être illusionné *(Sans. : karma)*.

Tant qu'en leur esprit les passions et l'ignorance n'ont pas été définitivement dissipées, les êtres animés ne peuvent échapper à une succession de naissances au sein du samsara. En tant que réservoir d'un nombre infini d'êtres animés illusionnés, le samsara n'a donc ni commencement ni fin. Mais en tant que condition d'existence individuelle, il s'achève définitivement lors de la cessation des passions et de leurs causes dans le continuum mental. C'est alors l'atteinte de la délivrance appelée nirvana.

■ **Souffrance, mal-être :** *sdug bsngal*, le mal-être peut être manifeste, comme la souffrance physique et mentale habituelle. Il peut être plus subtil, comme le manque dû au changement, et peut être caché comme l'imperfection de la dualité.

■ **Vacuité :** *stong pa*, le mode d'être véritable de toutes choses, l'absence d'existence propre de tout phénomène.

■ **Vajrayana** : *rdo rje theg pa*, la voie adamantine ou voie fulgurante. Cette voie est fondée sur la transmutation. Le Vajrayana a les mêmes bases que le Mahayana mais son cheminement fait appel à des méthodes spirituelles spéciales adaptées aux différents êtres. Il faut comprendre qu'il ne s'agit pas d'une seule et unique pratique mais que ce véhicule comprend différents niveaux : extérieur, intérieur et secret. Ils mettent globalement l'accent sur la discipline la plus intérieure.

- **Vinaya** *(Sans.) Tib. : 'dul ba/Jap. : ritsu*, "discipline". Corps d'enseignements relatif à la discipline, qui règle la vie et la conduite des moines et des nonnes. Il s'agissait initialement d'un code de conduite qui correspondait à la manière d'agir du Bouddha, celle-ci étant le reflet de son Éveil. Ce code s'est peu à peu enrichi de nouvelles règles énoncées par l'Eveillé à l'occasion de situations qui se présentèrent dans la vie communautaire.

- **Vipashyana** : *lhag mthong*, voir clairement, vision profonde ou pénétrante. C'est une technique méditative qui analyse et reconnaît les structures de l'esprit, et le monde qu'il projette, atteignant un état de claire vision qui se développe en connaissance parfaite.

- **Voiles** : *sgrib pa*, la nature de l'esprit est recouverte de plusieurs voiles : le voile du karma, le voile des passions, le voile des tendances fondamentales (dualité), et le voile de la connaissance (ignorance).

Définitions (méditation,rigpa, samsara, vinaya) extraites du *Dictionnaire encyclopédique du bouddhisme*
Philippe Cornu, Ed. Seuil 2001

§

(Bêtisier)

MÉDITATION ET INDIVIDUALISME :

> La bêtise :

"La méditation est un repli sur soi narcissique et individualiste"

D'abord, méditation au sens du Dharma ne signifie pas seulement "une longue et profonde réflexion ou une pensée profonde, attentive, portant sur un sujet particulier" (Petit Robert) mais aussi et surtout l'apprentissage d'un état d'attention et de présence vigile à l'instant, un état de non-possession de l'activité conceptuelle du mental. C'est l'apprentissage de l'état de présence, nommée aussi vigilance, ou encore état de clarté lucide ou d'expérience immédiate. C'est finalement l'expérience immédiate, la non-dualité du retrait des projections du mental.

Cette présence est celle d'un état de sensitivité, c'est-à-dire de compassion intense et dans l'ouverture complète. Ainsi la pratique de la méditation développe la compréhension de l'illusion de l'individualité et de la séparation habituelle induite par celle-ci. C'est dans ce sens que la méditation développe l'ouverture et la compassion, tout le contraire d'un renfermement individualiste !

Auteurs

Biographie

Kyabdjé Kalou Rimpotché (1904-1989)

Kyabdjé Kalou Rimpotché naquit au Tibet oriental, dans la province du Kham. A treize ans, il est ordonné moine au monastère de Pelpoung, le principal monastère Kagyu du Tibet oriental, siège du Taï Sitoupa. Il poursuit ses études et obtient très vite le titre de "docteur en sciences traditionnelles" (Khempo). A seize ans, il fait la retraite de trois ans des lamas et reçoit de Lama Norbou Teundroup, un être parfaitement réalisé qui devient son principal maître spirituel, différentes transmissions et plus particulièrement celle des "cinq enseignements d'or" de la lignée Changpa dont il va devenir le principal détenteur. A vingt-cinq ans, après avoir étudié et pratiqué auprès de plusieurs lamas, il choisit de se consacrer totalement à la pratique et devient un yogi errant. Il pratique ainsi, dans des retraites himalayennes, durant douze ans. Puis la renommée de sa réalisation le fait appeler comme "maître de méditation" (Dropeun) au monastère de Pelpoung, fonction qu'il exercera durant de nombreuses années.

En 1966, il s'établit en Inde, à Sonada, où il fonde le monastère et les centres de retraite qui deviendront sa résidence principale et le siège de la tradition Changpa Kagyu. C'est à cette époque, vers 1968, que les premiers Occidentaux qui allaient devenir ses disciples le rencontrèrent. Durant les années qui suivent, il est un des maîtres les plus hautement tenus en estime de la tradition tibétaine et, à la demande de Sa Sainteté le Karmapa et de Sa Sainteté le Dalaï Lama, il va transmettre enseignements et initiations à nombre des plus grands hiérarques des différents tibétains. Entre 1971 et 1989, acceptant l'invitation des occidentaux, il fait une dizaine de longs voyages, dont plusieurs tours du monde, et fonde une centaine de centres du Dharma et une vingtaine de centres de retraite de trois ans dont il confie la responsabilité à plus de trente lamas, disciples ayant accompli la retraite de trois ans.

Maître parfait, détenteur de l'ultime réalisation dans la plus pure discipline monastique, altruiste et tantrique, enseignant infatigable du dharma en général et des lignées Karma Kagyu et Changpa en particulier, c'est en grande partie grâce au rayonnement de son influence spirituelle et à l'ampleur de son activité, que la sagesse du bouddhisme s'est largement répandue dans le monde occidental. En 1980, il confia à Lama Denys, son plus ancien disciple occidental, la direction spirituelle de Karma Ling.

Chögyam Trungpa Rimpotché (1940-1987)

Reconnu mondialement comme l'une des figures marquantes du bouddhisme tibétain, il enseigna durant de nombreuses années aux Occidentaux la voie du Vajrayana de façon accessible et moderne. Il est le fondateur de l'Institut Naropa, aux Etats-Unis, et du programme d'apprentissage Shambala. Il est l'auteur de nombreux ouvrages tels que *Le mythe de la liberté*, *Pratique de la voie tibétaine*, *Voyage sans fin*, *Le cœur du sujet*, et bien d'autres, (Editions Le Seuil).

Bokar Rimpotché

Directeur spirituel des centres de retraites de Sonada, monastère fondé par Kalou Rimpotché, et de Rumtèk, nouveau siège des Karmapas au Sikkim, il est l'un des principaux maîtres de méditation de l'école Kagyupa et plus particulièrement de la lignée Changpa dont Kalou Rimpotché était le détenteur. Il a écrit de nombreux ouvrages sur l'enseignement et la pratique du bouddhisme, notamment *Savoir méditer*, *La méditation, conseils aux débutants*, aux éditions Claire Lumière.

Lama Denys

Le Lama Vajracarya Denys Teundroup, né à Paris en 1949, étudia la médecine, la philosophie et les langues orientales en France puis en Inde. Après plus de quinze ans d'études et de retraites traditionnelles auprès de maîtres bouddhistes des himalayas, il devint un héritier spirituel de Kyabdjé Kalou Rimpotché (1904-1989), un des plus grands maîtres tibétains contemporains, qui l'investit "Vajracarya" : maître-vajra détenteur de sa lignée.
Enseignant le Dharma en Europe et dans le monde, Lama Denys est l'auteur d'articles, de traductions et de livres. Il est le Supérieur de la congrégation bouddhiste "Sangha Dachang Rimay", reconnue par le gouvernement français, à laquelle sont affiliés l'Institut Karma Ling en Savoie et différents centres dans plusieurs pays.
Pendant les vingt dernières années, Lama Denys a été très actif dans le dialogue inter traditions et transdisciplinaire. Il est le Président Honoraire de l'Union Bouddhiste Européenne ainsi que le co-fondateur de l'Université Bouddhique Européenne et de l'Initiative des Traditions Unies.

Thich Nhath Hanh

Maître illustre du bouddhisme zen vietnamien et défenseur de la paix, il fut pressenti par Martin Luther King pour recevoir le prix Nobel de la Paix. Il vit actuellement en France dans une communauté dont il est le directeur spirituel, le Village des Pruniers où il enseigne l'art de vivre dans la pleine conscience intégrée à la vie quotidienne. Il est l'auteur de nombreux ouvrages dont *La sérénité de l'instant*, *La vision profonde*, et beaucoup d'autres.

Jeremy Hayward

Né en 1940 en Angleterre, docteur en physique.
Ami intime et élève de Chögyam Trungpa, il est actuellement le directeur de l'éducation à Shambala Training International et enseigne partout dans le monde l'art du guerrier.

Kathleen Mac Donald

Originaire de Californie, Kathleen Mac Donald est actuellement instructeur au Centre bouddhiste Amitabha à Singapour et se déplace régulièrement dans le monde entier pour enseigner le Dharma. Ordonnée nonne en 1974, elle a reçu ses premiers enseignements à Dharamsala en Inde. Elle a vécu à Kathmandou avec d'autres moines et moniales occidentaux pour étudier et faire des retraites de méditation puis poursuivit ses études en Angleterre et participa à la fondation du monastère de Dordjé Pamo en France.

Pema Chödron

Moniale bouddhiste américaine, Pema Chödron appartient à la lignée de Chögyam Trungpa Rimpotché. Elle dirige l'abbaye de Gampo en Nouvelle-Ecosse (Canada), le premier monastère tibétain d'Amérique du Nord destiné aux Occidentaux. Elle est l'auteur d'*Entrer en amitié avec soi-même*, de *Quand tout s'effondre*, et de *Conseils d'une amie pour des temps difficiles* aux éditions de La Table Ronde.

Francisco Varela (1946-2001)

Francisco Varela fut directeur de recherche au CNRS où il dirigeait l'équipe de "Dynamique des ensembles neuronaux" au laboratoire des neurosciences cognitives à l'hôpital de la Salpetrière à Paris. Il a publié plusieurs entretiens avec le Dalaï-Lama et des chercheurs occidentaux sur la nature de l'esprit, organisés par le Mind and Life Institute. Il est également l'auteur de *L'inscription corporelle de l'esprit* (Seuil, 1993) et *L'arbre de la connaissance*, (Addison-Wesley, 1994), *Passerelles* (Albin Michel).

Milarépa (1040-1123)

Disciple de Marpa le traducteur qui est à l'origine de la lignée Dhagpo Kagyu, il fut l'un des plus célèbres yogis et poètes de toute l'histoire du bouddhisme tibétain. Ses Cent mille chants ont été recueillis et sont repris depuis lors par ses disciples qui les ont immortalisés. Ses principaux disciples furent Gampopa et Retchougpa.

Déshoung Rimpotché

Très grand érudit de la lignée Sakyapa du Tibet, il fut un très proche ami de Kalou Rimpotché auquel il consacra une biographie. Il demeure aujourd'hui à Seattle aux Etats-Unis et y enseigne le Dharma.

Djamgœun Kontrul Ier (1813-1899)

Grand maître de la lignée Kagyupa du Tibet, il fut l'un des principaux artisans du mouvement rimay dont le but était d'accréditer l'égale valeur de toutes les écoles bouddhistes. Dans cette optique il écrivit et compila cinq grandes collections de textes connus comme les Cinq Trésors. Djamgœun Kontrul porta en outre un intérêt particulier à la lignée Changpa qui s'était divisée en de nombreuses sous-écoles ; il les regroupa en un fleuve unique, lignée dont Kalou Rimpotché puis Lama Denys aujourd'hui sont les héritiers spirituels.

Choix de lectures

Pour permettre aux lecteurs qui souhaitent approfondir le thème, nous proposons un choix concis de quelques ouvrages essentiels. Il ne s'agit aucunement d'une bibliographie exhaustive.

- Savoir méditer
Bokar Rimpotché, Ed. Claire Lumière

- L'art du bonheur
Dalaï Lama/Howard Cutler, Ed. Press Pocket

- La voie du Bouddha
Points Sagesse / Ed. Seuil

- Les chants de Milarépa
M.J. Lamotte, Ed. Fayard

- Méditation et action
Chögyam Trungpa Rimpotché, Ed. Seuil

- L'attention, source de plénitude
V.R. Dhiravamsa, Dangles

- Dzogchèn et Tantra
Namkhaï Norbou Rimpotché, Albin Michel

- Comprendre dans l'expérience
- La vigilance au cœur de la voie
Lama Denys, collection Séminaires
(à commander à l'Institut Karma Ling)

§ Bibliographie

Nous remercions les maisons d'édition qui figurent ici pour leur aimable autorisation à reproduire les extraits utilisés dans cet ouvrage.

Dictionnaire encyclopédique du bouddhisme

Philippe Cornu,
Ed. Seuil 2001

Cet ouvrage, conçu comme un outil de consultation, de travail et de recherche, s'adresse à l'étudiant en religion, philosophie, anthropologie mais aussi bien à un public plus large. Ce dictionnaire se compose d'articles de fond traitant des grands concepts philosophiques et spirituels du bouddhisme selon les différents points de vue des nombreuses écoles existantes et de l'histoire du bouddhisme dans différents pays. Il propose de nombreuses biographies des personnalités qui ont marqué le bouddhisme, des monographies sur les principaux écrits traditionnels, une iconographie des bouddhas, bodhisattvas et déités, ainsi qu'une étude de l'art bouddhique en général.

Comment méditer

Kathleen Mc Donald
Editions Vajra Yogini

Lettres à une jeune fille sur l'enchantement du monde

Jeremy Hayward
Editions Robert Lafont

Entrer en amitié avec soi-même

Péma Chödron
Editions de La Table Ronde

Le Dharma et la vie

Lama Denys
Albin Michel

中國製造

Edito

MAGAZINE

Le propos de ce second volet de la revue est de rassembler des témoignages, des réflexions, des articles en relation avec une mouvance de plus en plus manifeste dans un monde apparemment à la dérive. Cette mouvance se fait dans la perspective de ce que l'UNESCO et les ONG partenaires ont défini comme La culture de paix et de non-violence. (Le magazine de notre parution précédente "La voie du bodhisattva" y était consacré).

Par des actions favorisant le dialogue entre les religions et traditions spirituelles de ce monde, entre les nantis et les plus défavorisés, les scientifiques et les industriels – ou plus simplement le dialogue entre les êtres humains – le souhait de chacun de ceux qui œuvrent à cette mouvance est de développer, d'encourager et de promouvoir un sentiment de solidarité et une vision d'interdépendance aujourd'hui indispensable à notre survie, à l'échelle planétaire.

Nous avons probablement besoin de revisiter les termes d'une éthique qui n'est ni l'apanage des religions ni de systèmes quelconques mais que l'on pourrait définir simplement comme des outils nous permettant de mieux vivre entre humains et dans notre environnement.

YSABEL COUSINO

"Unité dans la diversité"

D'après une interview
de Lama Denys
pour la revue Panoramique

Lama Denys, pensez-vous qu'il y ait une spiritualité non religieuse ? Pensez-vous également qu'il y ait une spiritualité en dehors du domaine de chaque grande religion traditionnelle ?

L.D./ Il y a une spiritualité non religieuse ; cela dépend de ce que l'on entend par "spiritualité" et "religion".
La spiritualité peut se définir en général comme ce qui concerne l'esprit et, en particulier, dans ce qu'elle a de plus profond, comme une voie de réalisation de la nature de l'esprit-expérience. C'est le cheminement ou la pratique qui conduit à réaliser ce que nous sommes et ce qui est, essentiellement, ainsi que les qualités personnelles qui en procèdent. Finalement, c'est la réalisation "du fond du fond" de ce que nous sommes et vivons. Ainsi comprise, la spiritualité rejoint le "connais-toi toi-même" de l'injonction socratique : c'est une quête philosophique, expérimentale et expérientielle, pratique et vécue, de la nature de l'esprit et de la réalité.
Une telle démarche spirituelle a naturellement un caractère universel et intemporel. La réalisation de la nature de l'esprit-expérience a pu se vivre il y a quelques millénaires comme elle peut se vivre aujourd'hui, dans une même expérience. Le fond de l'expérience spirituelle est avant les représentations conceptuelles qui la décrivent ; c'est ce qui fait son universalité et aussi qui explique qu'elle n'est pas réductible à une approche religieuse particulière, quelle qu'elle soit.
La pratique spirituelle peut aussi se définir simplement comme ce qui rend la personne meilleure, ce qui l'ouvre et l'éveille aux autres, au monde et à elle-même et développe en elle les valeurs humaines fondamentales telles que la compassion, l'altruisme, la bienveillance ou la sagesse. Ainsi la spiritualité authentique ne dépend pas de notre adhésion à une religion. C'est un état d'esprit, de motivation et de capacité à vivre la vie quotidienne dans une attitude de respect mutuel et de solidarité. La dimension spirituelle de la vie naît de notre engagement dans l'apprentissage de cette transformation intérieure. C'est un état d'esprit susceptible de se vivre à chaque instant ; à la limite, vingt-quatre heures sur vingt-quatre, la vie devenant alors sa pratique.
Pour nous, pratiquants de la voie du Bouddha, la question se pose de savoir si la tradition que

nous suivons est une religion.
La voie du Bouddha, que l'on nomme aussi Dharma, peut se résumer en deux points : la vision de l'interdépendance de toutes choses et l'action de compassion, de non-violence altruiste. C'est une "spiritualité" au sens où nous venons de la définir : un enseignement et une pratique qui développent l'intelligence et l'action au-delà de l'ego, l'intelligence ouverte et l'action altruiste.
L'enseignement du Bouddha n'est pas une religion au sens d'une adhésion à une croyance, à un credo ou à un formalisme. Nous faisons ici une distinction très nette entre croyance et spiritualité. La croyance peut être utilisée comme un tremplin ou comme une aide vers la vie spirituelle, mais celle-ci demande de s'en libérer : en tant que fixations mentales, les croyances et les dogmes sont des obstacles à la réalisation ultime. Par contre, si l'on entend par "religion" ce qui nous relie à l'absolu, à notre nature fondamentale et essentielle – ce qui est aussi le sens du mot "yoga" -, la tradition du Bouddha est une religion.
Toutes ces précisions étant entendues, le Dharma peut être dit une spiritualité, un yoga spirituel, une science de la réalisation de la nature de l'esprit ou une voie de réalisation de l'illusion et de ses souffrances. Sa quête n'a rien d'exclusivement religieux. Au niveau essentiel, elle est avant les particularités et les croyances spécifiques des différentes religions. L'expérience spirituelle est au cœur de la religion mais n'est pas réductible à celle-ci. C'est en ce sens que nous parlons volontiers d'une spiritualité non religieuse.

La pratique spirituelle peut aussi se définir simplement comme ce qui rend la personne meilleure, ce qui l'ouvre et l'éveille aux autres, au monde et à elle-même.

Quant à la deuxième partie de votre question, il me semble qu'il y a des spiritualités en dehors du domaine des grandes religions traditionnelles. Nous préférons d'ailleurs la notion de "tradition" à celle de religion. Tradition est synonyme de transmission et s'applique aussi bien à la spiritualité qu'à la religion ou à des démarches philosophiques, humanistes, et même aux approches indigènes.
Les grandes religions n'ont pas l'exclusivité de la spiritualité. Dans nombre de traditions primordiales ou indigènes, il existe d'authentiques formes de spiritualité, parfois mieux conservées que celles de certaines grandes religions institutionnalisées. Aussi est-il juste de parler d'une spiritualité laïque, mais je préférerais éviter ce mot qui est très connoté, particulièrement en français : pour des raisons historiques, laïque a souvent fini par avoir un sens anti-religieux et même par devenir synonyme d'athée. Nous pourrions plus justement parler d'une spiritualité agnostique, c'est-à-dire ne reposant pas sur une croyance – ce qui est conforme à la définition que nous proposions précédemment.

Avec le recul des grandes religions institutionnalisées et l'essor d'un certain type de spiritualité melting-pot, de style New Age, ne risque-t-on pas de basculer vers une spiritualité confuse, refusant l'intelligence et s'enfermant dans l'émotionnel ?

L.D./ Le recul des grandes religions institutionnalisées et la montée de multiples formes de quêtes spirituelles, plus ou moins sauvages, constituent effectivement un risque mais sont aussi le signe d'une aspiration. Pour reprendre une formule qui me semble assez juste : "Le monde a une indigestion de religions mais il est affamé de spiritualité".
Il est clair que les credo, les dogmes auto-référents et les arguments d'autorité ne font plus aujourd'hui recette

en Occident. A mon sens, c'est plutôt une bonne chose et un signe d'intelligence, mais cette situation entraîne aussi bien des problèmes.
En effet, la plupart de nos contemporains ont pour ainsi dire "jeté le bébé avec l'eau du bain" en prenant des distances avec leur religion d'origine, celle-ci n'ayant plus vraiment de sens pour eux ou ne répondant plus à leurs aspirations ; ils se sont ainsi coupés de toute démarche spirituelle, s'exposant à un manque, un désarroi qui entraîne des problèmes existentiels et de société.

Autre problème : le fourvoiement spirituel. Le cœur du cheminement spirituel est dans la transformation de l'esprit, dans la libération de celui-ci vis-à-vis de l'égoïsme et de l'égocentrisme, de leurs passions et illusions. C'est une voie très exigeante qui implique de remettre en question le "moi que je suis". Cela demande la rigueur et la discipline permettant de lâcher les fixations passionnelles et la saisie de l'ego dans ses imprégnations les plus archaïques. Une spiritualité profonde et authentique nécessite une voie cohérente avec une transmission et un apprentissage précis. Au sein de celle-ci, le contact interpersonnel avec un guide ou un instructeur qualifié est indispensable.
Or beaucoup de personnes, ayant lu de nombreux livres, essaient de se constituer leur voie à partir de leurs lectures, disant volontiers qu'elles n'ont besoin de personne pour les guider. Malheureusement, dans le cheminement spirituel, être ainsi autodidacte revient finalement à être "ego-didacte". C'est une position pour le moins difficile quand il s'agit précisément de dépasser l'ego ! Comment l'ego pourrait-il diriger sa propre disparition alors qu'il n'a aucune envie de disparaître ? Les aspirations de ces personnes sont généralement sincères, mais leur approche est limitée.
D'autre part, les progrès faits sur la voie dépendent de la cohérence et du suivi de son apprentissage. Prenons un exemple : l'apprentissage d'une discipline telle que les mathématiques. Différentes langues véhiculent cet apprentissage de façon claire et précise, chacune d'elle ayant une cohérence interne. Mais si l'apprentissage est transmis en mélangeant des mots français, russes, chinois, etc. et en changeant continuellement de syntaxe, on aboutit à l'incohérence et à la confusion. C'est la situation dans laquelle risquent de se retrouver ceux qui mélangent différentes approches et traditions. Chaque tradition a sa langue et ses méthodes propres, mais les mélanger dans un syncrétisme extérieur risque finalement de neutraliser les capacités de chacune.

Donc, tout en ayant l'ouverture d'esprit qui comprend l'universalité de la spiritualité et permet d'éviter le dogmatisme sectaire, il est essentiel de suivre une voie spécifique et de la pratiquer complètement. Cet équilibre est un point fondamental pour une vision et une approche que nous nommons "unité dans la diversité".

La situation actuelle n'est-elle pas la reconnaissance enfin que la quête spirituelle est une aptitude inhérente à tout esprit humain ? N'y-a-t-il pas là la possibilité d'un véritable dialogue, qui ferait se rencontrer toutes les personnes en recherche, soucieuses de rencontrer l'autre et de dépasser les langues de bois, sans pour autant tomber dans le piège inverse, celui de la confusion et des contresens, du silence des différences ?

© Franck Charton

L.D./ Comme nous l'évoquions au début, la quête spirituelle est inhérente à la nature même de l'esprit-expérience et à tout esprit humain. Les différentes approches spirituelles convergent dans une expérience commune avant les noms et les formes que sont les représentations culturelles ; elles se rejoignent dans ce qui manque à toutes leurs expressions.

Au contraire, les religions qui se fondent sur une formulation littérale qu'elles prennent pour “la Vérité” et qu'elles enseignent comme telle, sont inévitablement dogmatiques. Des voies de ce type auront toujours des problèmes pour communiquer entre elles, chacune étant fixée sur ses formulations. Pour elles qui ne reconnaissent pas le caractère contingent et toujours relatif des représentations et des formulations, c'est comme s'il n'y avait de vérité que dite dans sa propre langue. L'attachement aux noms et formes – et pire encore : leur absolutisation – est finalement et simplement de l'idolâtrie conceptuelle.

En résumé, l'expérience spirituelle rapproche et fait converger dans le fond universel, alors que les formulations religieuses ou théologiques, naturellement dogmatiques et divergentes, entraînent la séparation illusoire.

C'est là un point très important pour le dialogue inter-religieux - que je préférerais dire “inter-traditions”, d'ailleurs. Il s'agit de fonder celui-ci sur la convergence fondamentale des traditions, ce qui permet non seulement de respecter la diversité et les différences de l'autre mais d'apprécier celles-ci comme une richesse. C'est la base de la vision d'unité dans la diversité.

Dans cette vision, nous considérons que toute tradition, spiritualité ou religion, est authentique dans la mesure où elle développe l'harmonie et la paix fondamentales ; c'est là le critère essentiel. De plus, une voie qui permet de réaliser ces qualités au niveau ultime ou absolu n'est pas seulement authentique mais aussi complète. Au contraire, une tradition qui générerait disharmonie et guerre serait pervertie ou malsaine.

Toutes les traditions authentiques partagent ainsi un dénominateur commun éthique et spirituel. Celui-ci est précisément constitué par les valeurs essentielles au développement et à la réalisation de l'harmonie, de la paix et du bonheur. C'est ce qui fait sa valeur et sa pertinence universelle et permet d'envisager une vision éthique et spirituelle globale.

L'éthique universelle peut s'établir à partir du constat que nous sommes tous égaux dans notre motivation au bien-être : tout vivant aspire au bonheur et à éviter la souffrance. Dans cette motivation, autrui est naturellement mon semblable. Ainsi nous pouvons tous nous rejoindre dans le principe de non-violence qui consiste à éviter de faire subir à autrui la violence ou la souffrance dont je ne voudrais pas moi-même être victime : "Ne fais pas à autrui ce que tu ne voudrais qu'il te fasse". Cette règle, nommée Règle d'Or de l'éthique, est non seulement la base commune de toutes les traditions authentiques mais peut aussi être considérée comme le principe fondamental d'où procèdent les différents préceptes et entraînements éthiques enseignés par toutes les traditions, agnostiques ou croyantes.
Après cet aperçu sur les fondements d'une éthique universelle, il est encore possible d'aller plus loin dans la vision d'un fond commun universel, en considérant la dimension spirituelle. Comme nous l'évoquions auparavant, toute démarche spirituelle peut se résumer dans la quête de l'adage socratique, la quête et la réalisation de la nature de l'esprit, de ce que je suis et vis. Cette injonction est une exhortation à découvrir le fond de l'âme, son tréfonds, le fond du fond. Cette spiritualité cognitive est à la fois rationnelle et mystique : sa démarche intellectuelle suit la raison et la logique qui finalement culminent dans l'intelligence de leurs limites et débouchent sur une "percée a-conceptuelle". Celle-ci ouvre la porte de l'expérience d'une réalité immédiate. C'est une expérience mystique ou yoguique au sens où elle est une participation directe, une présence immédiate d'"instantanéité". En cette expérience, se vit ce qui est avant que l'esprit n'opère la saisie d'un sujet et d'un objet. C'est une expérience primordiale naturellement partagée par toutes les traditions. Au cœur de toute spiritualité authentique, c'est en mourant à l'ego, à soi-même, qu'a lieu la naissance, l'ouverture à l'état de présence sacrée ou divine.

Ainsi la spiritualité universelle, ou le fond commun de toute spiritualité authentique, est la présence au-delà de l'ego et de ses passions. C'est une spiritualité de la présence et de l'union non dualiste ou absolue.

Toute tradition authentique peut fournir un cadre éthique et spirituel conduisant à un comportement et un mode de vie sain et positif. Elles ont toutes pour but suprême d'apporter la compassion et la sagesse aux hommes. Par conséquent, il n'y a entre elles ni opposition ni antagonisme ou concurrence. Pour autant que leurs responsables adoptent cet esprit, elles peuvent même s'entraider vers leur but commun. Cette façon de voir demande d'admettre qu'une tradition autre que la sienne puisse être un chemin qui convienne mieux à d'autres personnes. Si la voie du Bouddha est la meilleure pour moi, il est clair que ce n'est pas nécessairement la meilleure pour tout le monde. Les différentes approches sont comme différents traitements ou médicaments pour soigner une même maladie ; ils sont plus ou moins bien adaptés à différents cas et à différents terrains et peuvent aussi être plus ou moins efficaces, dangereux et susceptibles d'avoir certains effets secondaires ; mais tous ont la même fonction thérapeutique. Une autre image de la diversité considère que toutes les traditions authentiques sont de bonnes nourritures, avec une même fonction nutritionnelle ; la diversité est alors un grand restaurant dans lequel chacun peut trouver une nourriture saine à son goût !

Au-delà de la simple tolérance - qui accepte ce qu'elle ne peut éviter -, la vision d'unité dans la diversité permet d'apprécier et d'honorer toutes les traditions authentiques comme une richesse du patrimoine spirituel et philosophique de l'humanité, et comme autant de moyens de réalisation correspondant aux réceptivités et mentalités de différentes sensibilités humaines.

Lundi 28 mai, à Paris,

Francisco Varela est décédé. *Né au Chili, Ph. D. de biologie de l'Université de Harvard, directeur de recherche au CNRS, il se forgea un esprit universel et fut un biologiste des plus complets. Ce qui le caractérise dans son parcours, qu'on pourrait qualifier d'atypique au sein de la communauté scientifique, demeure la compréhension du "psychisme de l'univers" - ou comment "l'esprit peut se relationner avec l'univers" - que Varela résumait par la métaphore d'une "synchronie neuronale". A la fin de sa vie, il se consacra à l'étude d'une "biologie de la conscience".*

Disciple de Chögyam Trungpa Rimpotché, il était habité par une pensée profondément humaniste grandement inspirée par sa rencontre avec la philosophie et la pratique du bouddhisme. Ainsi il découvrit que la méditation de "l'attention-vigilance" propose d'authentiques outils pour explorer l'esprit, pour découvrir ses fondements. Il fut également à l'origine de nombreuses rencontres réunissant le Dalaï-Lama et diverses personnalités scientifiques (psychologues, chercheurs en sciences cognitives et en neurologie, anthropologues, etc.) autour de débats ayant pour thème l'esprit, établissant ainsi des points de rencontre entre le bouddhisme tibétain et les disciplines scientifiques contemporaines.

La communauté bouddhiste de France vient de perdre deux de ses représentants parmi les plus éminents : Jacques Martin et Bernard Lebeau, *respectivement Président et Secrétaire Général de l'Union Bouddhiste de France qu'ils avaient fondé en 1986, tous deux décédés le 20 mai dernier.*

Une cérémonie fut célébrée en leur mémoire au centre de retraite Naro Ling à l'Institut Karma Ling.

©DR

Agis comme si tu aimais

André Comte-Sponville

Petit traité des grandes vertus

Nous n'avons besoin de morale que faute d'amour, répétons-le, et c'est pourquoi, de morale, nous avons tellement besoin ! C'est l'amour qui commande, mais l'amour fait défaut : l'amour commande en son absence, et par cette absence même. C'est ce que le devoir exprime ou révèle, qui ne nous contraint à faire que ce que l'amour, s'il était là, suffirait, sans contrainte, à susciter. Comment l'amour pourrait-il commander autre chose que lui-même, qui ne se commande pas, ou autre chose du moins que ce qui lui ressemble ? On ne commande que l'action, et cela dit l'essentiel : ce n'est pas l'amour que la morale prescrit ; c'est d'accomplir, par devoir, cette même action que l'amour, s'il était là, aurait déjà librement accomplie. Maxime du devoir : Agis comme si tu aimais.

Au fond, c'est ce que Kant appelait l'amour pratique : "L'amour envers les hommes est possible, à vrai dire, mais il ne peut être commandé, car il n'est au pouvoir d'aucun homme d'aimer quelqu'un simplement par ordre. C'est donc simplement l'amour pratique qui est compris dans ce noyau de toutes les lois. [...] Aimer le prochain signifie pratiquer volontiers tous ses devoirs envers lui. Mais l'ordre qui nous en fait une règle ne peut pas non plus commander d'avoir cette intention dans les actions conformes au devoir, mais simplement d'y tendre. Car le commandement que l'on doit faire quelque chose volontiers est en soi contradictoire. "L'amour n'est pas un commandement : c'est un idéal" ("l'idéal de la sainteté", dit Kant). Mais cet idéal nous guide, et nous éclaire.

On ne naît pas vertueux ; on le devient. Comment ? Par l'éducation : par la politesse, par la morale, par l'amour. La politesse, on l'a vu, est un semblant de morale : agir poliment, c'est agir comme si l'on était vertueux. Par quoi la morale commence, au plus bas, en imitant cette vertu qui lui manque et dont pourtant, par l'éducation, elle s'approche et nous approche. La politesse, dans une vie bien conduite, a pour cela de moins en moins d'importance, quand la morale en a de plus en plus. C'est ce que les adolescents découvrent, et nous rappellent. Mais ce n'est que le début d'un processus, qui ne saurait s'arrêter là. La morale, pareillement, est un semblant d'amour : agir moralement, c'est agir comme si l'on aimait. Par quoi la morale advient et continue, en imitant cet amour qui lui manque, qui nous manque, et dont pourtant, par l'habitude, par l'intériorisation, par la sublimation, elle s'approche et nous approche, elle aussi, au point parfois de s'abolir dans cet amour qui l'attire, qui la justifie, et la dissout. Bien agir, c'est faire d'abord ce qui se fait (politesse), puis ce qui doit se faire (morale), enfin parfois c'est faire ce que l'on veut, pour peu qu'on aime (éthique). Comme la morale libère de la politesse en l'accomplissant (seul l'homme vertueux n'a plus à agir comme s'il l'était), l'amour, qui accomplit à son tour la morale, nous en libère : seul celui qui aime n'a plus à agir comme s'il aimait. C'est l'esprit des Evangiles ("Aime, et fais ce que tu veux"), par quoi le Christ nous libère de la Loi, explique Spinoza, non en l'abolissant, comme l'a voulu stupidement Nietzsche, mais en l'accomplissant ("Je ne suis pas venu abolir mais accomplir..."), c'est-à-dire, commente Spinoza, en la confirmant et en l'inscrivant à jamais "au fond des cœurs". La morale est ce semblant d'amour, par quoi l'amour devient possible, qui en libère. Elle naît de la politesse et tend à l'amour : elle nous fait passer de l'une à l'autre. C'est pourquoi, même austère, même rebutante, nous l'aimons.

Encore faut-il aimer l'amour ? Sans doute, mais nous l'aimons en effet (puisque nous aimons au moins être aimés), ou la morale ne peut rien pour qui ne l'aimerait pas. Sans cet amour de l'amour nous sommes perdus, et c'est peut-être la définition vraie de l'enfer, je veux dire de la damnation, de la perdition, ici et maintenant. Il faut aimer l'amour ou n'aimer rien, aimer l'amour ou se perdre. Quelle contrainte autrement ? Quelle morale ? Quelle éthique ? Sans l'amour, que resterait-il de nos vertus ? Et que vaudraient-elles, si nous ne les aimions pas ? Pascal, Hume et Bergson sont plus éclairants ici que Kant : la morale vient du sentiment davantage que de la logique, du cœur plus que de la raison, et la raison elle-même n'y commande (par l'universalité) ou n'y sert (par la prudence) que pour autant que nous le désirons. Kant est plaisant, qui prétend combattre l'égoïsme ou la cruauté par le principe de non-contradiction ! Comme si celui qui n'hésite pas à mentir, à tuer, à torturer, allait se soucier de ce que la maxime de son action puisse ou pas être érigée, sans contradiction, en loi universelle ! Que lui fait la contradiction ? Que lui fait l'universel ? Nous n'avons besoin de morale que faute d'amour. Mais nous n'en sommes capables, et nous ne ressentons ce besoin, que par le peu d'amour, fût-ce de nous-même, qui nous a été donné, que nous avons su garder, rêver ou retrouver.

spiritualité religieuse & spiritualité laïque

Mathieu Ricard, J. F. Revel,
Le moine et le philosophe
© éditions du Nil, 1997

De la nécessité d'une éthique laïque dans notre monde moderne où l'enseignement de la morale ou du savoir-vivre reste l'apanage de la religion ou est alors livré à l'appréciation de chacun de façon arbitraire. Fort heureusement aujourd'hui une nouvelle génération de philosophes agnostiques propose sinon un chemin à suivre du moins une réflexion sur le sujet.

JEAN-FRANÇOIS– Etant donné la diffusion actuelle du bouddhisme en Occident, un aspect intéressant de la réalité contemporaine vient à la surface d'une manière particulièrement concrète. Ce sont les rapports entre le bouddhisme et certains textes philosophiques de la nouvelle génération. J'ai déjà cité Luc Ferry. Je voudrais également citer André Comte-Sponville qui a publié, voilà deux ans, un livre intitulé *Petit traité des grandes vertus*. C'est une succession de conseils de sagesse pratique qui s'apparente à ce que nous appelons en France la tradition des moralistes. (...) C'est une sorte de révolution dans la pensée de cette fin de XXe siècle, parce que les moralistes avaient toujours été profondément méprisés par les philosophes de profession, qui ne voyaient chez eux qu'une enfilade de petites remarques anecdotiques et purement psychologiques. (...) Or, on voit maintenant que, dans la mesure où le public s'intéresse encore aux livres de "philosophie", il se tourne vers des ouvrages qui reviennent à ces vieilles recettes des moralistes, qui

donnent des conseils, avec beaucoup d'humilité et de sens pratique, sur le fonctionnement quotidien de l'animal humain. (...)
J'ajoute qu'il est symptomatique que le livre de Comte-Sponville ait eu un immense succès en France. Cela indique le besoin qu'a le public de principes directeurs, qu'on lui dise comment vivre, comment ré-accéder à l'art de vivre, comment conduire son existence. Ce sont des questions auxquelles notre philosophie ne répondait plus depuis très longtemps. Or Comte-Sponville, lui aussi, se réfère assez souvent au bouddhisme, en particulier dans la phrase suivante, intéressante parce qu'il y établit un parallèle, un contraste entre le bouddhisme et le christianisme, à propos de la compassion et de la charité. Je le cite : "La compassion est la grande vertu de l'Orient bouddhiste. On sait que la charité est la grande vertu - au moins en paroles - de l'Occident chrétien. Faut-il choisir ? A quoi bon, puisque les deux ne s'excluent pas. S'il le fallait, pourtant, il me semble qu'on pourrait dire ceci : la charité vaudrait mieux, assurément, si nous en étions capables. Mais la compassion est plus accessible, qui lui ressemble par la douceur et peut nous y mener. Ou, en d'autres termes, le message du Christ qui est d'amour est plus exaltant, mais la leçon du Bouddha, qui est de compassion, plus réaliste". Alors, deux remarques à ce sujet. Comte-Sponville fait bien de dire que la charité est la grande vertu de l'Occident chrétien, "du moins en paroles", puisque cette charité chrétienne s'est souvent traduite par l'extermination des Indiens d'Amérique ou par la conduite au bûcher des hérétiques sous l'Inquisition, ou encore par les persécutions des juifs et des protestants. Et, deuxième observation : tout en rendant hommage au concept bouddhiste de compassion, Comte-Sponville, sur la fin de sa réflexion, semble indiquer que c'est, malgré tout, une version un peu inférieure à la charité chrétienne. Alors, qu'est-ce que tu en penses (...) ?

MATTHIEU - (...) Pourquoi y a-t-il un regain d'intérêt pour des ouvrages de conseils de sagesse pratique ? Peut-être est-ce pour remédier au fait que devenir un meilleur être humain est de nos jours une préoccupation presque étrangère à notre système d'éducation. L'éducation moderne, laïque par excellence, est en effet principalement destinée à développer l'intellect et à accumuler des connaissances. (...) L'intelligence est une arme à double tranchant. Elle peut faire tant de bien ou tant de mal, être utilisée pour construire comme pour détruire. Dans le passé, les religions enseignaient aux gens - lorsqu'elles ne trahissaient pas leurs idéaux - à devenir de meilleurs êtres humains, à pratiquer l'amour du prochain, la bonté, la droiture, la générosité, la magnanimité... Si on demandait maintenant que de telles vertus soient enseignées dans les écoles, on soulèverait un tollé général. On vous répondrait que ces préoccupations relèvent d'une recherche personnelle, que c'est le rôle des parents d'inculquer à leurs enfants des valeurs humaines. Or, parmi les nouvelles générations, celle des parents actuels est elle-même passée par ces écoles où on n'inculque plus rien de tel de sorte que peu d'entre eux ont connu une éducation religieuse ou une recherche spirituelle. On va même jusqu'à dire que l'amour et la compassion relèvent de la religion ! Le Dalaï-lama dit souvent qu'on peut se passer de religion, mais que personne ne peut se passer d'amour et de compassion. Il distingue volontiers la spiritualité religieuse de la spiritualité laïque, cette dernière visant simplement à faire de nous de meilleurs êtres humains, à développer des qualités humaines que nous avons tous la faculté de développer, que nous soyons croyants ou non. En l'absence de toute spiritualité, plus rien ni personne, si ce n'est le hasard des lectures, ne vient indiquer aux adolescents quelles sont ces valeurs humaines et comment les développer. Il est donc réconfortant d'observer ce regain d'intérêt.

JEAN-FRANÇOIS– Je suis content que tu mentionnes cette formule du Dalaï-lama sur la "spiritualité laïque", car j'allais te répondre qu'à mon avis la laïcité ne s'oppose pas à l'éducation morale. Laïcité veut dire neutralité d'un enseignement qui ne se subordonne à aucun dogme, religieux ou politique. Cela n'exclut pas, cela exige au contraire, une formation morale, centrée sur le respect des lois et d'autrui, le contrat social et le bon usage des libertés, bref ce que Montesquieu appelait la vertu républicaine. Dernièrement, la notion de laïcité a été dévoyée. (...) Il existe de nos jours une préoccupation pour ce qu'on appelle les problèmes de société, les inégalités, la délinquance, la drogue, l'avortement, la peine de mort. Et, même en deçà de la peine de mort qui est par définition le châtiment irréparable, faut-il mettre les délinquants en prison ou faut-il les rééduquer ? Et les problèmes que tu posais tout à l'heure à propos de l'éducation : doit-elle être coercitive ou doit-elle être fondée exclusivement sur les aspirations de l'élève ?

MATTHIEU – Le problème de l'éducation est : doit-on enseigner ce que les étudiants souhaitent entendre ou ce qu'il ont réellement besoin d'entendre. Le premier cas est une solution de facilité, le deuxième une attitude responsable.

JEAN-FRANÇOIS – Et enfin, tous les problèmes de protection sociale, de chômage, de violence, d'intégration des émigrés, de conflits inter-raciaux dans les grandes sociétés modernes. Est-ce que le bouddhisme s'est interrogé sur ces problèmes et a-t-il des réponses ?

MATTHIEU – La société occidentale a davantage de moyens pour pallier les souffrances nées des conditions extérieures, mais elle manque sérieusement de moyens de construire le bonheur intérieur. Elle manque également de points de repères concernant les problèmes concrets de l'existence et de la société, car les principes spirituels éclairent de moins en moins notre lanterne. En 1993, lorsque j'ai accompagné le Dalaï-lama en tant qu'interprète lors d'une visite qu'il a faite en France pendant trois semaines, j'ai été très frappé par l'accueil qu'il a reçu de la part des étudiants. C'est en effet dans les universités qu'il a reçu l'accueil le plus enthousiaste. A Grenoble, c'était au mois de décembre, à huit heures du soir. Il faisait froid. Le grand amphithéâtre était bondé, et, dehors, trois ou quatre mille personnes attendaient, debout dans le froid, regardant sur un écran géant le Dalaï-lama et écoutant son enseignement. A Bordeaux, même phénomène : amphithéâtre plein et des milliers de jeunes dehors. Ce qui était étonnant, c'était ce sentiment d'ébullition, d'enthousiasme qui animait le jeu des questions-réponses auquel le Dalaï-lama s'est prêté. Il a parlé pendant une vingtaine de minutes ; puis toutes sortes de questions ont fusé - la peine de mort, l'avortement, le contrôle des naissances, la violence, l'amour, etc. On avait l'impression qu'ils trouvaient enfin un interlocuteur !

(...) A propos du contrôle des naissances, le Dalaï-lama disait que la vie est le bien le plus cher que nous possédions. Chaque vie humaine est éminemment précieuse, puisqu'elle est comme le navire qui nous permet de voguer vers la connaissance. Mais quand ces précieuses vies deviennent trop nombreuses, elles posent un problème à l'humanité en général, car les ressources de la Terre ne permettent pas aux milliards d'humains de mener une existence décente. La seule solution est d'enrayer l'expansion démographique par le contrôle des naissances. Ce que le Dalaï-lama préconise, c'est un contrôle des naissances qu'il appelle "non-violent", c'est-à-dire l'utilisation de tous les moyens de contraception disponibles. (...) Le bouddhisme définit l'acte de tuer comme le fait "d'ôter la vie à un être vivant, ou à un être vivant en formation". C'est une conséquence logique de l'idée de renaissance, puisque dès la conception, la conscience, provenant de la vie précédente, est présente, bien que sous une forme très primitive, presque indécelable. Dans certains cas, lorsque la vie de la mère est en danger, ou que l'on sait que l'enfant va naître avec de terribles malformations, l'avortement peut se justifier, mais on ne peut l'admettre pour de simples raisons de confort personnel qui relèvent de l'égoïsme - les parents n'ont pas pris de précautions, cela les embête d'avoir un enfant. Ce qui doit être développé, ce sont les moyens de contraception efficaces, afin d'éviter d'avoir recours à l'avortement. Cette réponse a eu l'air de satisfaire l'assistance. Et il a ajouté une boutade : "La meilleure façon de contrôler l'expansion démographique, c'est qu'il y ait plus de moines et de nonnes." Ce qui, bien sûr, a fait rire l'assistance.

Matthieu Ricard
Le moine et le philosophe

Question au Dalaï-Lama sur la peine de mort
S. S. Dalaï-Lama,
Terre des dieux et malheur des hommes
Gilles Van Krasdorf, Editions J.-C. Lattès, 1995

"Condamner à mort une personne est un acte grave. Il s'agit tout simplement d'éliminer un être humain. Or, il est important que l'individu concerné puisse continuer à vivre pour avoir la possibilité de changer, de modifier son comportement. Je suis persuadé que même chez les criminels les plus dangereux, il existe une chance de transformation et d'amendement. En laissant vivre cette personne, on lui laisse cette chance d'accomplir le changement que nous avons tous en puissance."

Pour un art de la paix

L'art de la paix,
un maître zen engagé dans le monde d'aujourd'hui
© Albin Michel

Le 18 janvier 1994, j'ai célébré mon cinquante-cinquième anniversaire en m'offrant une fête, dehors sous la neige, sur les marches du Capitole. Là, emmitouflé dans un manteau et dans une couverture, je suis resté assis toute la journée avec une question en tête : que puis-je faire contre le sida, la violence et pour aider les sans-abri de ce pays ? A cette fête qui a duré cinq jours, nous étions tantôt quinze, tantôt une trentaine. Les journées passées dehors sur les marches du Capitole furent parmi les plus froides de l'histoire de Washington DC : les bureaux gouvernementaux furent fermés et les employés rentrèrent chez eux, tandis que la neige se transformait en glace. Les rues et le quartier du Capitole étaient désertés. Nous avons passé nos nuits non loin de la Maison-Blanche, au Centre pour la non-violence créative, le plus grand refuge pour SDF des États-Unis, tenu par une vieille amie, Carol Fenelly. Bien qu'il fût complet, Carol nous avait gardé de la place par terre. Nous formions un drôle de groupe : tassés sous ces couvertures, de la buée s'échappait de nos narines, et de la glace se formait au bout de nos moustaches et de nos barbes. Nous comptions parmi nous des avocats, des cadres supérieurs, des acteurs, des producteurs de films, des anciens combattants, des écrivains, des militants sociaux, des architectes, des SDF, des bouddhistes, des chrétiens, des juifs, des musulmans, des hommes, des femmes, des Africains et des Américains. Nous venions tous d'horizons très différents, mais tous nous nous sommes penchés sur la même question.

J'avais cinquante-cinq ans, j'avais été un moine bouddhiste zen pendant vingt-quatre ans et un enseignant zen pendant dix-huit. Avant cela, j'avais exercé les fonctions d'ingénieur aéronautique chez McDonnell-Douglas. J'avais consacré ces douze dernières années au développement du Mandala Greyston, un ensemble de sociétés commerciales et d'associations à but non lucratif basé à Yonkers, dans l'État de New York. Il se donnait pour mission de revitaliser les quartiers difficiles en rendant accessibles aux familles des environs des logements à bas prix, des emplois, des garderies et autres types de services d'aide. J'avais le sentiment que nos projets de développement de la collectivité étaient la plus profonde expression de ma pratique bouddhique et de mes enseignements. Le dernier en date était l'ouverture d'un complexe médical et de logements pour séropositifs et malades du sida. Mais à l'approche de mon cinquante-cinquième anniversaire, j'avais l'impression que quelque chose de plus devait voir le jour. J'ignorais quoi. Je songeais à toutes les merveilleuses personnes que j'avais rencontrées tout au long de ma carrière et qui militaient pour des causes sociales, consacrant leur vie à combattre la pauvreté, la faim, la guerre, les maladies, le racisme et la violence dans leurs communautés et dans le monde ; beaucoup se sentaient isolés et seuls, peu soutenus dans leur travail. Je pensais aussi aux femmes et aux hommes qui m'avaient fait part de leur volonté de changer le monde, mais qui ne savaient pas par où commencer : ils étaient découragés et se sentaient désemparés devant l'ampleur de la tâche, avec ce sentiment que tout ce qu'ils pourraient faire n'aurait aucun impact sérieux.

Mes élèves et les collègues qui s'étaient joints à moi à Washington avaient chacun dans ce domaine leurs perspectives et leurs expériences personnelles. Nous avons médité sur cette question pendant cinq jours glacials, et lorsque ma fête d'anniversaire s'est achevée, j'avais ma réponse : j'allais fonder l'Ordre zen des peacemakers, une communauté de militants sociaux et d'artisans de la paix du monde entier. Elle serait un lieu de rassemblement où tous pourraient se retrouver pour partager leurs histoires, reprendre des forces et trouver de nouvelles idées, avant de retourner au sein de leur propre communauté et d'œuvrer pour la paix. Ce serait aussi un lieu où ils auraient la possibilité d'explorer la pratique spirituelle liée à la construction de la paix, ce qui était très important pour moi. Pendant des années, on avait parlé de moi comme d'un homme d'affaires dans le domaine social, capable de développer de nouvelles structures pour répondre aux besoins des quartiers difficiles, mais j'étais aussi un enseignant bouddhiste zen. Le zen est une pratique qui nous pousse à faire l'expérience de ce qui est, à réaliser cette expérience et à manifester cette réalisation. En tant qu'enseignant, je me suis toujours demandé quelles nouvelles pratiques je pouvais mettre en œuvre afin d'aider mes étudiants à faire l'expérience de l'unité de la vie. Je n'ai jamais cessé de me poser des questions telles que : qu'est-ce qui nous maintient dans un état où nous nous sentons séparés les uns des autres ? qu'est-ce qui continue à nous faire penser que nous savons ce qui est juste ? qu'est-ce qui nous empêche de prendre conscience de notre unité et d'apprécier les choses telles qu'elles sont ? et quelles formes de travail en faveur de la paix aideraient tous les êtres humains à faire l'expérience de leur interdépendance ?

Dans l'Ordre zen des peacemakers, nous explorerions ces questions et développerions des pratiques spécifiques à la construction de la paix, afin de nous aider, nous et tous nos frères et sœurs de toutes cultures et traditions, à faire l'expérience de la non-séparation et de l'unité. L'Ordre serait également un terrain de formation et un point de

Les peacemakers

> http://www.peacemakercommunity.org

Les peacemakers regroupent et rapprochent toutes sortes de gens de toutes confessions (Catholiques, Baptistes, Musulmans, étudiants du Zen...) et qui veulent s'engager dans une action sociale. Le but est de développer comme une toile d'araignée qui regrouperait toutes les organisations qui font du travail social dans le monde afin que chacun puisse apporter son savoir faire, et partager sa façon de voir. Les peacemakers s'organisent autour de quelques principes : Les "interfaiths" : groupement inter-religieux (musulmans, bouddhistes, catholiques, israélites). Les "villages" : regroupement de gens engagés dans l'action sociale, comme ceux qui sont engagés dans l'aide aux prisonniers, l'assistance des mourants, l'aide aux personnes atteintes du SIDA... "L'Institut" : une école sans murs, ouverte sur le monde entier, qui établit la liste de tous les programmes d'aide en cours, donne le nom des formateurs et des gens désireux de partager leurs savoir-faire / connaissances avec les autres. Par exemple, récemment par l'intermédiaire de ce programme, une japonaise a pu suivre une formation d'aide aux malades du SIDA. Actuellement l'institut offre des formations sur l'aide aux SDF, sur l'écologie, l'aide aux prisonniers, la résolution des conflits, l'aide aux mourants. Bernie lui-même participe à un programme qui s'intitule "clowns sans frontières", qui consiste à proposer des animations dans les écoles, les camps de réfugiés...

(cf. www.buddhaline.com)

départ pour tous ceux qui disaient vouloir agir mais ignoraient comment s'y prendre. Ils y acquerraient une formation, trouveraient une inspiration et des possibilités de travailler avec d'autres peacemakers. Ils découvriraient à l'intérieur d'eux-mêmes les réponses à leurs propres questions et en quoi consiste la construction de la paix.

Si nous sommes prêts à vivre une existence sans idée fixe ou sans réponse fixe alors nous sommes capables de porter témoignage de toutes les situations, que cela soit difficile, choquant ou douloureux. De ce processus surgit une action appropriée qui entraîne paix et guérison. Les membres de l'Ordre zen des peacemakers portent témoignage, que ce soit des militants travaillant au développement d'une vie de quartier dans les zones difficiles du Bronx et de Yonkers, un détenu créant à travers les États-Unis un réseau d'hospices pénitentiaires, un enseignant travaillant auprès des personnes en fin de vie ou un vétéran cherchant le sens de la paix et de la réconciliation au Viêt-nam. Ils travaillent et se forment avec l'Ordre, vivant une vie ouverte au questionnement, s'immergeant dans certaines situations avec la conviction qu'un acte spontané de guérison émergera de ce processus.

1. **"Zen priest"** ou "prêtre zen". L'expression américaine fait référence à la situation des moines zen au Japon et dans les traditions venues du Japon qui, contrairement à la majorité des moines bouddhistes, se marient et fondent une famille. L'expression "zen priest" fait également référence à la faculté de donner les préceptes aux pratiquants et de célébrer les cérémonies religieuses.

2. **Peacemaker** signifie "artisan de la paix", littéralement un "faiseur de paix". L'auteur a souhaité que ce terme soit maintenu en anglais.

Regard soufi sur le dialogue interreligieux

Cheikh Bentounès, maître soufi, chef de la confrérie Alawiya, nous a rappelé ce prodige incroyable : il n'y a pas deux fleurs, deux flocons de neige, deux humains identiques. "Chacun de nous est unique, à l'image de l'Unique. Pourquoi y aurait-il donc une seule religion pour tous ? La multiplicité des croyances, dit-il, est voulue par Dieu".

Cette allocution fut prononcée lors de la rencontre inter-traditions qui eut lieu en 1997 à l'Institut Karma Ling en Savoie, en présence de Sa Sainteté le Dalaï Lama.

"Les prophètes des religions sont comme les différents grains d'un chapelet et la spiritualité est le fil qui relie l'ensemble des grains. Tous les prophètes sont ainsi reliés les uns aux autres au-delà de leurs différences. Cette image n'enferme pas dans le dogmatisme d'un seul message, mais ouvre sur le message primordial, l'unité qui n'a pas de nom, la religion sans nom, celle de la transcendance. Ainsi, le message d'Adam devient aussi vivant que le message de Noé, d'Abraham, de Moïse, de Jésus, de Mohammed : c'est une continuité, il n'y a pas de rupture. En fait, chaque messager vient apporter une révélation afin que l'homme puisse retrouver l'universalisme en lui. Il n'y a pas opposition mais harmonie entre l'homme et tous les messages qui ont été révélés à l'humanité. On ne vit alors plus dans cette antinomie : moi, j'ai la vérité, l'autre est dans l'erreur, ma religion est la meilleure, etc.

"On pourra bien sûr dire que cela est vrai dans l'absolu, mais malheureusement pas dans la réalité, puisque particularismes et sectarismes ne font que croître. Or notre réalité n'est que relative : nous ne sommes qu'un instant du temps. Nous ne voyons ni ne considérons la réalité dans son éternité. Le Prophète disait : *"Ne médisez pas le temps, car le temps c'est Dieu."* C'est le temps qui enfante, c'est de lui que nous venons et c'est à lui que nous retournerons : cela est vrai pour tous les éléments de notre réalité. La réalité d'aujourd'hui, évidente pour nous, change sans cesse.

"L'homme de demain sera universel ou bien se sera transformé en une sorte de machine pensante. Si on veut garder l'humanité en nous, c'est dans l'universalisme que se trouve l'avenir. Et tous les intégrismes nous rappellent cela : ils viennent des conservatismes qui ne veulent pas être dérangés dans l'ordre – philosophique, moral et reli-

Tokyo / Japon
© Yann Arthus Bertrand
365 jours pour la terre
Ed. La Martinière

gieux - qu'ils ont créé et dans la sphère qu'ils contrôlent : tout cela est figé dans le temps. Toutes les écoles exotériques nous donnent des vérités toutes faites alors que la vraie spiritualité nous pousse à nous réaliser, à partir en quête. La recherche intérieure pousse l'être à aller vers ses possibilités à lui, celles qu'il ignore—elle ne lui donne pas la vérité toute emballée. D'ailleurs, ramener tout à un seul chemin revient à diminuer la grandeur de l'absolu, diminuer l'immense possibilité divine, les ramener à une échelle humaine. Chaque être humain, chaque fleur, chaque goutte d'eau, chaque flocon de neige, chaque feuille d'arbre... a sa spécificité. Chaque graine a son identité. Il n'y a pas deux empreintes digitales pareilles au monde ! C'est cela, le mystère de l'immense puissance divine, qui crée à chaque fois une unité à son image, donc unique ! Elle donne existence à une création nouvelle qui ne ressemble pas à une autre et ce parce qu'elle vient de l'Unique, qui ne refait pas les mêmes choses à l'identique mais les fait à chaque fois différentes pour les marquer d'une empreinte unique. L'avenir s'éclaircira quand les hommes auront compris que cette différence entre chacun est une immense miséricorde pour nous tous. Et le fait qu'il y ait plusieurs façons de voir les choses, plusieurs messages, plusieurs philosophies qui abordent les choses de façon nouvelle et différente, fait partie de cette volonté divine. Cette multiplicité dans sa diversité n'est pas humaine, elle est divine, pour me rappeler sans cesse l'unité. Celui qui comprend cela va vivre dans un environnement à la fois universel et fécond pour lui, parce qu'il va puiser dans la totalité de l'héritage de l'humanité.

"Si on apprenait à nos enfants dans les écoles que le message d'Adam, de Noé, d'Abraham, de Moïse, de Jésus, de Mohammed, de Bouddha, de Lao-tseu... sont des messages non contradictoires mais complémentaires ? Et cela **pour qu'ils aient la possibilité de puiser dans ces traditions afin de les vivre, de les sentir, de les approcher sans les cloîtrer ni les castrer en des systèmes qui finissent par enfermer les esprits et créer des catastrophes. L'être humain doit comprendre la spiritualité au sens large. On nous dit que c'est la misère matérielle et affective qui pousse vers le fanatisme et l'intégrisme.** L'injustice joue bien sûr son rôle. Quand un jeune n'a pas reçu d'éducation ou que celle-ci ne débouche sur rien, quand il n'a pas de travail, que tout est bouché, il perd les repères. Il n'est plus nourri, plus fortifié et se révolte devant son manque d'avenir. Certains se contentent de se révolter par la musique, la drogue, d'autres prennent les armes et se font manipuler par des gens qui essaient de prendre le pouvoir et leur vantent le mérite de devenir "martyrs". Les soufis résument cela en trois formules, ils disent : l'exotérisme, c'est toi et moi, donc la dualité et l'affrontement ; il y a toi ou il y a moi. L'ésotérisme change de dimension en disant : toi, c'est moi et moi, c'est toi ; ce qui te concerne me concerne, ce qui t'a fait pleurer me fait pleurer, ce qui te donne de la joie me donne de la joie : il y a un échange permanent. Et enfin, les soufis disent : la connaissance ce n'est ni toi, ni moi, c'est Lui, c'est l'absolu. Et là, tout s'estompe : le moi, l'ego disparaît devant le divin, devant la vérité. Car nous sommes éphémères, inscrits dans le temps, alors que Lui, il est dans le temps, dans l'éternité. Ces formules marquent les trois étapes de notre parcours : dans la première, c'est moi qui ai toujours raison, je veux dominer, avoir la puissance sur l'autre. Le monde d'aujourd'hui est devenu si exotérique que l'on n'enseigne que cela : dans les mosquées, les églises, les synagogues, les chapelles philosophiques, on enseigne l'exotérisme. On fortifie toujours le moi, et donc le toi et donc l'affrontement. Et c'est ainsi que les hommes perdent totalement la notion de cette unité transcendantale d'où ils viennent, et qui est en eux, dans leur empreinte. On a détruit des civilisations entières au nom de principes soit-disant nobles, faits pour sauver l'homme, et qui ne visaient en fait qu'à l'asservir et à le faire penser comme nous. Bien sûr, on ne peut nier le moi : il existe, il a une réalité. Mais ce moi, s'il ne se nourrit pas d'un universalisme, s'il n'intègre pas la relation avec ses propres frères, avec la nature, les détruit. Et l'on voit ce que l'être humain est en train de faire : il détruit plusieurs règnes animaux et végétaux, il pollue, il saccage la nature, il s'attaque à ses semblables.

"**Il en va des sociétés comme des individus : la plupart du temps, on ne prend conscience que lorsqu'on prend un choc ; un événement dramatique nous ouvre parfois les yeux. A l'échelle de l'humanité c'est pareil. Il lui faudra des chocs violents pour mettre en doute sa conduite.** Qui ignore aujourd'hui que le chemin pris conduit à une impasse ? Quels sont les politiques, les philosophes, les responsables qui ne le savent pas ? Tous ces gens qui ont la responsabilité de gérer la société humaine devraient changer de langage. Qui le fait ? Qui dit la vérité ? On continue à vivre dans le mensonge, à nous cacher la réalité tant qu'on peut, on essaye toujours de nous dominer par des principes qui ne mènent nulle part. Nous sommes à un seuil, à un tournant."

Alain Grosrey et Patrice Van Eersel
Le cercle des anciens

"Je suis convaincu qu'une appréciation des différences existant entre les diverses traditions religieuses comme de la spiritualité qu'elles ont en commun est essentielle pour guérir notre monde et mettre fin aux conflits, dont beaucoup sont livrés au nom d'une idéologie religieuse".

Bernie Glassman
L'art de la paix, un maître zen engagé dans le monde d'aujourd'hui,

>> voir article p.166

Dharma vivant
Jack Kornfield
Editions Vivez Soleil, 415 p, 140F

Cet ouvrage présente les différentes techniques de méditation issues de la tradition du Théravada largement méconnue à l'époque de sa première parution (sous le titre de *Maîtres vivants du bouddhisme*). Simplement curieux ou pratiquant acharné, le lecteur découvre ici dans un langage simple et contemporain toute la richesse de cette tradition ainsi que les grands maîtres théravadin et leurs enseignements.

La fulgurante épopée des Karmapas, les enfants de l'éveil
Francesca-Yvonne Caroutch
Editions Dervy, 315 p, 135F

"J'espère vivement que ce livre ouvrira les "yeux de la sagesse" des peuples du monde afin qu'ils connaissent et comprennent le "Véhicule du Diamant" ainsi que les merveilleuses, extraordinaires et innombrables traditions tibétaines basées sur le Dharma.
Ainsi, cet ouvrage sera très bénéfique aux êtres de tous horizons qui s'intéressent au Tibet et aux tibétains." Khempo Tsultrim Gyatso Rimpotché
A travers l'histoire du XVIIe Karmapa et de ses prédécesseurs, nous découvrons la culture du Tibet indissociablement liés à sa spiritualité.

Les étapes de la méditation
Sa Sainteté le Dalaï Lama
Editions Guy Trédaniel, 204 p, 120F

Les étapes de la méditation est l'un des plus importants ouvrages d'enseignements de la tradition tibétaine. Kamasila, son auteur, était un grand saint et érudit, disciple de Santaraksita. Il composa ce texte afin de mettre fin aux vues erronées de ses contemporains et contribua ainsi à préserver l'authenticité de la transmission du bouddhisme au Tibet. Nous avons ainsi accès à l'un des textes fondateurs de la tradition du bouddhisme tibétain, enrichi des commentaires de Sa Sainteté le Dalaï Lama qu'il fit à Manali (Inde) en 1989.

Les maîtres zen
Jacques Brosse
Albin Michel, Spiritualités vivantes,

Largement enrichie, cette réédition constitue un ouvrage de référence de la tradition zen. En retraçant l'histoire des maîtres zen des origines jusqu'à nos jours, Jacques Brosse, ancien disciple de maître Deshimaru, propose de découvrir l'esprit zen dans son essence.
Les récits se succèdent passionnants et pittoresques toujours rehaussés par la qualité des enseignements zen qui sont transmis au fil du texte. Un peu d'histoire ne nous fera pas de mal, en quelques chapitres, l'auteur nous fait revivre les origines du zen en Chine et au Japon.

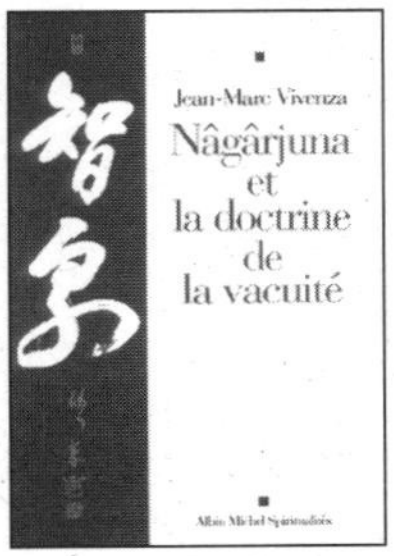

Nagarjuna et la doctrine de la vacuité
Jean-Marc Vivenza
Albin Michel Spiritualités, 250 p.

Comment ne pas tomber dans des erreurs d'interprétation quand nous abordons des sujets tels que la vacuité ? Nagarjuna, moine bouddhiste du IIe-IIIe siècle originaire d'Inde, propose dans son œuvre la plus célèbre, *Le traité de la Voie du Milieu*, une vision sans concession de la vacuité, affirmant que son principe fonde la réalité et qu'il en est la loi essentielle.
Voici, entre autres, une étude complète du contexte historique religieux dans lequel Nagarjuna élabore son œuvre en réponse aux différents points de vue ayant cours à l'époque. Ce livre nous propose une lecture accessible de la théorie de la vacuité, telle qu'elle fut véhiculée dans l'école philosophique de la Voie du Milieu (Madhyamika) dont Nagarjuna est le fondateur.

Soutra de la Liberté inconcevable
Les enseignements de Vimalakirti
Editions Fayard, collection Trésors du Bouddhisme

Ce soutra aussi nommé "Soutra de Vimalakirti" par le Bouddha lui-même transmet les enseignements de ce grand bodhisattva. On parcourt avec plaisir à la manière d'un roman ce texte composé dans la plus pure tradition des soutras. Originellement écrit en sanscrit, il s'agit ici d'une traduction du chinois datant du Ve siècle.

Adresses **Internet**

> www.buddhaline.com
Portail bouddhiste francophone, le site propose de découvrir le bouddhisme sous toutes ses formes. Par un rubriquage très diversifié, nous avons accès à des enseignements de maîtres issus de diverses traditions bouddhistes et des articles sur l'actualité du bouddhisme dans le monde. Le site propose également la consultation d'articles de fond sur des notions telles que le développement durable et le dialogue inter-traditions et transdisciplinaire.

L'Europe des Consciences
> www.terre-du-ciel.fr
terre-du-ciel@terre-du-ciel (temporaire)
L'association L'Europe des consciences (loi 1901) réunit des personnes qui, se reconnaissant dans la Charte où sont déclinées des orientations fondées sur les valeurs de spiritualité, écologie, solidarité, veulent participer à une vaste synergie capable de faire reconnaître ces valeurs. L'Europe des consciences se veut un mouvement transdisciplinaire et transreligieux. Il n'est lié à aucune approche philosophique spécifique - sinon à la philosophia perennis - ni à aucune tradition ou religion particulière - sinon à l'expérience spirituelle qui en constitue l'essence. L'assemblée de l'Europe des consciences réunit des personnalités telles que l'Abbé Pierre (président d'honneur), Jean-Yves Leloup, Pierre Rabhi, Lama Denys, Christiane Singer, etc.
Secrétariat de l'association :
Domaine de Chardenoux, 71500 Bruailles,
Tel : fax : 03 85 60 40 31

> www.wcrp.org
world conference on religion and peace organisation qui promeut la coopération interreligieuse pour la paix. Elle est soutenue dans ses projets par l'ONU avec des partenaires financiers tels que la Fondation Rockfeller ou la Fondation Bill et Melinda Gates.

> www.sbg.ac.at/budd/EBU.htm
European Buddhist Union
En anglais. Son but est de favoriser la coopération et la bonne entente entre tous les groupes, communautés, écoles ou traditions bouddhistes. Une page sur "Bouddhisme et éducation"

> www.villagedespruniers.org
la communauté de Thich Nhat Hanh

> www.nalandabodhi.org (en anglais)
Le site se définit comme le portail de la science bouddhiste de l'esprit, il est constitué par un réseau de centres d'études et de méditations bouddhistes. Il propose des pages sur le Karmapa, Khempo Tsultrim et d'autres grands maîtres de la lignée Kagyupa.

> www.ccr.jussieu.fr/varela /
site sur Francisco Varela, une page du Monde intéressante sur son parcours atypique.

> www.wfdd.org.uk
world faith development dialogue
(en anglais)
Une organisation fondée par le président de la World Bank, James Wolfensohn et l'archevêque de Canterbury, Elle propose de permettre l'intervention et le conseil des grands chefs religieux sur le plan du développement économique mondial. Ce site propose un espace de dialogue entre les religions, une information très à jour des activités menées dans le monde entier dans le sens de la paix, de la réduction de la pauvreté et des conflits sociaux. Il propose une sélection des dix meilleurs sites religieux du moment.

La congrégation
Dachang Rimay

Le "Sangha Dachang Rimay" est une congrégation reconnue par l'Etat depuis 1994 qui rassemble les pratiquants de différents centres du dharma : l'Institut Karma Ling en Savoie et les Dharma Ling, situés dans plusieurs villes en France et à l'étranger.

Principal héritier occidental de Kyabdjé Kalou Rimpotché, Lama Denys Teundroup en est le Supérieur et le guide spirituel. Sa profonde expérience l'a conduit à développer un programme de transmission structuré, ouvert à tous et adapté à notre environnement occidental. Il comporte principalement :

- l'étude de la philosophie bouddhiste, avec notamment un cursus d'études traditionnelles réparti sur trois ans ;
- la pratique de la méditation, avec la possibilité de retraites courtes et de longue durée (telle la traditionnelle retraite de trois ans) ;
- un programme cohérent d'intégration de ces deux apprentissages dans la vie quotidienne moderne (programme régulier "La Voie du Bouddha" tout au long de l'année et Assemblée Gesar au cœur de l'été).

Fidèle à l'esprit d'ouverture que lui a insufflé son fondateur Kyabdjé Kalou Rimpotché, l'Institut a développé une dynamique de rencontres et de dialogues entre l'Orient et l'Occident, devenant ainsi un véritable lieu d'échanges et d'actions. Trois types d'activités sont organisés :

- des rencontres intertraditions rassemblent des représentants de diverses traditions (chrétiens, soufis, védantas, francs-maçons...) dans un esprit fraternel de dialogue et de partage spirituel. En avril 1997 lors de la venue de Sa Sainteté le Dalaï-Lama, la Rencontre intertraditions, a marqué une étape décisive dans le dialogue interreligieux car elle rassemblait pour la première fois des représentants des grandes traditions spirituelles mondiales et des traditions dites primordiales ou autochtones.
- des colloques transdiciplinaires confrontent la tradition du Bouddha aux connaissances modernes de l'Occident dans le domaine des sciences humaines, sociales, médicales etc.
- le Programme Convergences propose des stages pratiques de disciplines d'éveil issues des grandes traditions spirituelles (yoga, taïji quan, qigong...) ou des milieux culturel et thérapeutique (danse, théâtre, P.N.L., sophrologie...)

Pour recevoir le programme complet de Karma Ling et pour tous renseignements complémentaires

Institut Karma Ling
Hameau de St Hugon
73110 Arvillard
Tel. : 04 79 25 78 00
Fax : 04 79 25 78 08
Email : karmaling@karmaling.org
Site internet : www.karmaling.org

Adresses et contacts des centres urbains

La vocation des Dharma Ling est de fournir une structure de groupe pour l'enseignement, l'étude et la pratique et d'être un lieu d'accueil pour les débutants, selon un emploi du temps adapté aux contingences de la vie sociale. Lama Denys et les enseignants du Sangha s'y rendent régulièrement pour y donner des enseignements et instructions de pratique.

Dharma Ling de Paris :
55-57 rue Quincampoix
75004 Paris
01 42 71 28 77
>>Dharma.Ling.Paris@wanadoo.fr

Dharma Ling de Lyon :
5 Rue Des Marronniers
69002 Lyon
04 78 42 81 59
>>GGaspar@aol.com

Dharma Ling de Valence :
24 rue Oscar St Prix
07130 St Peray
04 75 81 07 50

Dharma Ling de Toulon :
39 rue Victor Clapier
83000 Toulon
04 94 06 18 24
>>stratos.georgantelis@libertysurf.fr

Dharma Ling de Nice :
Lionel Fourment
>>lionel.fourment@cemef.cma.fr

Dharma Ling de Chambéry :
Maison des Associations,
rue St François de Sales,
73 000 Chambéry
04 79 96 23 05 ou
>>thomasrt@club-internet.fr

Dharma Ling de Grenoble :
16 rue de Paris
38000 grenoble
06 80 90 43 02
>>menut38ec@wanadoo.fr

Dharma Ling de Lisbonne :
Vitoria Patos
R. Joao Deus Ramos n°3 R-c dto
P. 1700.246 Lisbonne
00 351 21 84 92 292
>>vitoriazevazpato@mail.telepac.pt

Dharma Ling de Rome :
via Euripide 137
00125 Roma I
00 39 339 338 18 74
>>dling@libero.it

Dharma Ling de Naples :
via Euripide 137
00125 Roma I
00 39 081 546 18 49
00 39 339 338 18 74
>>dling@libero.it

Dharma Ling de Genève :
Dachang Yeunten Kunkhyab
CP 198 - 1211 Genève 12
Tel/fax : 00 41 340 30 86

Groupe d'étude de Tananarive :
>>gcrmg@yahoo.fr

Groupe d'étude de la Réunion :
>>erik_martre@hotmail.com

Prajna | Les Editions de La sagesse

Anciens numéros

disponibles de la revue Dharma (format 21x28)

-N°15 : Images et symboles traditionnels
-N°22 : Karma, renaissance et immortalité
-N°23 : A cœur ouvert
-N°24 : Les chants d'éveil
-N°26 : La voie de la non-peur

-**Album souvenir de la visite de Sa Sainteté le Dalaï-Lama** en 1997, à l'Institut Karma Ling

-N°33 : Terre sacrée
-N°35 : Textes choisis
-N°36 : Bien vivre les émotions

-Le numéro 1 de la nouvelle formule **"La voie du bodhisattva" est épuisé**

Autres ouvrages

disponibles aux Editions de la Sagesse

Convergences bouddhisme et christianisme
Reflexion du Vatican,
Sa Sainteté le Dalaï Lama,
Kyabdjé Kalou Rimpotché,
Khentin Taï Sitou Rimpotché,
Révérend Père de Give,
Professeur Dennis Gira,
Docteur Jean-Pierre Schnetzler, etc

Mort renaissance et immortalité
Kyabdjé Kalou Rimpotché,
Lama Denys,
Jean-Pierre Schnetzler

Yoga tibétain, Nangpé-yoga ou yoga de l'intériorité
Selon la transmission
de Kyabdjé Kalou Rimpotché

Le clair miroir
Grammaire tibétaine
Kesang Gyurmé.
Traduction, adaptation et commentaires de Heather Stoddard et Nicolas Tournadre.

La vie de Kalou Rimpotché
Biographie de Kalou Rimpotché,
réalisée par Lama Tcheuky et Rintchèn Tsomo avec de nombreuses photos (noir et blanc).

Abonnement à Dharma :

195 F pour 3 numéros simples
(240 F hors CEE)
NB : Dharma "La méditation" est un numéro double

La revue Dharma

Fondée par V. Lama Denys Teundroup, Supérieur du Sangha Dachang Rimay, la revue Dharma est éditée depuis 15 ans par Prajna, Editions de la Sagesse. D'abord conçue comme porte-parole de la tradition et de la connaissance bouddhique, Dharma favorise également les passerelles entre les traditions qu'on les nomme spirituelles, religieuses, humanistes, agnostiques ou autres.

Elle est présentée depuis 2001 en une nouvelle formule :

Une partie "dossier" traite des grands thèmes du dharma (tels que la compassion, la méditation, l'impermanence, l'interdépendance, le travail sur les émotions...) Ce dossier est élaboré à partir des conférences et enseignements que Lama Denys donne depuis vingt ans sur ces sujets ; il est aussi illustré par de nombreux textes de grands maîtres traditionnels et de spécialistes issus de l'environnement culturel contemporain.

Une partie "magazine" présente les visions et les applications d'éthique et de sagesse universelles proposées par les acteurs bouddhistes et non bouddhistes qui œuvrent en faveur d'un monde de paix et de non-violence, dans les domaines de l'éducation, de l'environnement, de l'économie, de la citoyenneté, etc.

Une présentation adaptée à l'étude fait de Dharma un outil privilégié pour intégrer dans notre langue et notre environnement occidental, la compréhension et l'expérience des grands principes de l'enseignement du Bouddha.

Trois volumes paraissent chaque année.

"Dharma" s'adresse à toute personne intéressée par l'étude de la voie du Bouddha en général.

Abonnements et renseignements :
04 79 25 72 37 - 04 79 25 79 10
Dharma, hameau de St Hugon
73 110 Arvillard

Thangkas

Traditionnelles iconographies du bouddhisme tibétain sur soie peinte par Neldjorma Tenma.

Chaque thanka est une pièce unique exclusivement faite pour son propriétaire (à partir de 3000FF + frais de port)

Pour plus d'informations,
visitez <<www.vajrayana.net/silk>>

Marie Laure Jaquet
2013 Eureka Canyon Road
Watsonville - CA- 95076 - USA

Achevé d'imprimer sur papier recyclé (sauf couverture)
2 ème trimestre 2001
à l'imprimerie Arc-Isère 73490 La Ravoire